2人が「最高のチーム」になる

ワーキングカップルの人生戦略

小室淑恵
(株)ワーク・ライフバランス代表取締役
駒崎弘樹
NPO法人フローレンス代表理事

英治出版

はじめに——小室淑恵

私の周りには、ワーキングカップル（二人とも働いている夫婦・カップル）がたくさんいます。そうしたカップルの方からよく聞くのがこうした悩み……。

「いつも家事をするのが私ばっかりなんです。でも、夫のほうが稼いでいるので、ちょっと遠慮しちゃうんですよね」と妻。夫は、「仕事が忙しくて、つい妻に任せてしまって。だから、家では妻に頭が上がらないんですよ」

「家事や育児の分担ルールを決めているのに、夫が全然それを守ってくれないんですよ。もう諦めています」とタメ息をつく妻。夫は「だって、全部妻が取り仕切っているので、僕には出番がないんですよ。家事も育児も参加はしたいのですが……」と肩をすくめる。

あるいはこんなケースも。

「対等にするために、家事はきっちり分担しています。家計もお互いに決まった額を出し合っているので、彼女の収入がいくらなのか、実は知らないんですよね」と言う夫に、「今の生活には満足していますが、子どもが生まれたりすることを考えると、お互いの収入も知らない状況はちょっと問題なんでしょうね」と妻がつぶやく。

縁あって出会った二人ですから、二人でいることで幸せになりたいものです。でも、それにはちょっとした工夫が必要で、私自身も家事や育児、家計といった生活の基本部分で夫とわかり合えず、不満をためてしまうという状況を経験しました。だからこそ、お互いを「対等なパートナー」だと認識しているものの、それを毎日の生活に上手に落とし込めずにいるカップルを見ると、とてももったいないと感じます。

私は八年前に結婚し、五歳の息子がいます。私自身もワーキングカップルですし、また、仕事と家庭生活をともに充実させる考え方、「ワークライフバランス」をテーマにしたコンサルティング事業を仕事にしています。これまで約八〇〇社の企業とお付き合いしてきたなかで、同世代のワーキングカップルが置かれた状況を体感したり、アドバイスしたりする場面も多々ありました。

この本の共著者である駒崎弘樹さんは、特定非営利活動（ＮＰＯ）法人・フローレンスの代表理事として、病気のときに保育園に行けない子どもを預かる「病児保育事業」や小規模保育園事業を立ち上げ、運営しています。彼とは日本の働き方を変えていく運動を一緒に進める同志であり、個人的な古い知り合いでもあります。

いつもは企業における働き方の改革、保育行政などの分野で活動している私たち二人ですが、この本ではそうした「ど真ん中」の分野からちょっと離れ、カップルのコミュニケーション方法や家事や育児の上手な分担方法などをまとめました。私たちと私たちの周囲の方が考えて実行している、新しい働き方・生き方の知恵であり、明日から仕事で活かし、夫婦の話し合いのヒントになるものだと思っています。せっかく男女双方の著者が揃ったので、夫・妻という立場を代表してまとめた箇所もあります。

お互い、仕事における立場を踏まえたこれまでの情報発信とはちょっと異なるアプローチですが、「すべての人がその人らしく生き、働いて、幸せになるためのお手伝いをしたい」という、目指すゴールは一緒です。「仕事とは生活の一部であり、切り離せるものではない」と考えており、こうしたアプローチの有効性を信じています。生活の質が上がることは仕事の質が上がることであり、それは皆さんと家族と職場、そして社会をも、よりよいものとするはずだと思っています。

私たち二人はずっと「日本の働き方を変えたい」と考えて仕事をしてきました。その取り組みはまだまだ途上にあります。国にも企業にも残された課題は多いと感じることも事実です。でも、だからといって、すべてを「社会が悪い」「会社が悪い」と文句を言っていても何も変わりません。そして、そのことに気づきはじめている人も多いはずです。この本が働き方を、仕事を、そして人生を変えていこうとしている皆さんのお役に立てればと願っています。

この本は私たち二人の対談を基にしてつくっています。内容を整理するため、テーマごとにそれぞれが話者となってまとめるかたちをとりました。私たち二人とこの本のテーマについては、このあとの対談再録でもう少し紹介させてください。

【対談】なぜ、「二人で働く」ことが必要なのか？

小室　駒崎くんと私の出会いは二〇〇二年ぐらい？　私が前職に勤めていた頃、ある女性向けのパネルディスカッションで講演したときに、会場から一人、大学生くらいの男の子が手を挙げて質問したんです。女性ばかりの会場だったからとても目立って。「僕は今の彼女に意欲的に働いてもらいたいんですけれど、そのためにはどうしたらいいんでしょうか？」って聞いたのが駒崎くんだった。

駒崎　そのころ僕はＩＴベンチャーを経営していて、付き合っている彼女との「働く意識」についての違いでちょっと悩んでいたんです。当時、小室さんとこんなに長いお付き合いになるとは思っていなかったので、思い切って質問しちゃったんです。その後、病気で保育園に行けない子どもを預かる「病児保育」を展開するＮＰＯを立ち上げるときも相談にのってもらって。振り返れば長いお付き合いになりますね。「ワークライフバランス」「働き方の見直し」という同じところを目標に仕事をしているので、講演会や政府関連の勉強会など、仕事の場でお会いすることも多いですよね。

小室　駒崎くんは二〇〇三年に起業していて。私が会社員を辞めて株式会社ワーク・ライフバランスを立ち上げたのが二〇〇六年なので、起業家という意味では先輩だよね。

駒崎　そうは言っても、僕にとっての小室さんは、公私にわたって、特に「私」の部分では姉のような存在ですよ。僕は実際に姉が二人いることもあって、素で「弟キャラ」ですからね。小室さんははじめて会ったときからキラキラしていて、「こんな素敵な人と知り合いになれたら」と妄想して、思い切って質問したことを思い出しました。

小室　何言ってるんだか（笑）。私の会社でやっている育児休業者の職場復帰支援プログラム「アルモ」のなかで、ユーザーに病児保育のニーズが発生したときにはフローレンスの事業を紹介する、というように仕事での関わりもあるけれど、それを抜きにしても、根底では同じ社会問題を解決しようという仲間であり、同志みたいな存在だよね。

駒崎　僕は二〇〇九年に結婚して、二〇一〇年に子どもが生まれました。小室さんは二〇〇三年に結婚されて、起業と同時の二〇〇六年に出産されていて。パートナーもフルタイムで働いている子持ちの経営者、という点でも先輩なんですよね。今でも会うときはいつもいろいろ教えてもらっています。

なぜ、今「ワーキングカップル」なのか

駒崎　では、そもそも、この本の主題である「ワーキングカップル＝共働き」について、なぜ今考えなくちゃいけないのか、というところから話をはじめましょうか。まず夫婦の共働き問題をめぐる時代背景から、小室さん、お願いします。

小室　はい。日本社会の歴史を見ると、実は夫婦が共働きではない時代のほうが短いんですよね。専業主婦の妻がいて、夫は二四時間外で働くというスタイルは、高度経済成長期を挟んだ、せいぜいこの五〇年ぐらいに発生したものです。長い歴史からすると本当に一瞬のことなんですね。ただ、その一瞬の時代を生きた団塊世代の親に育てられた子ども、いわゆる団塊ジュニア層がちょうど今、子育て世代になっている。「子どもができたら女

は家庭に入るのが当たり前」といった親世代の価値観と「でも、それで本当にお互いの人生が充実するの？　第一、生活していけるの？」という自分たち世代の価値観のあいだで戸惑っているんだと思います。

駒崎　確かに、男性だけが働く「片働き」は、高度経済成長期においては合理的な家族形態だったんですよね。男性が死ぬほど外で働いて家に帰って充電し、再び戦線に出ていく、というスタイルを時代も国家も求めていたので、国は扶養控除などの制度でそのモデルを支援してきた経緯があります。でも、それが日本社会で伝統的なスタイルかといったら、そんなことはまったくないんですね。しかもこの先、そういうモデルが成り立つかといったら、それもあり得ない。終身雇用制があったときは、一度就職すれば将来が読めたけれど、今は転職だって当たり前だし、年齢とともに給料が上がるとは限らない。僕たちの世代にとって、「将来不安」はもう生きる上でのベースだし、不確実性を前提として生きていかざるを得ない。

小室　そうしたことを踏まえて合理的に考えると、共働きであることはもはや「必然」の流れなんですよね。共働きであれば、夫婦のどちらかがリストラにあっても、転職や起業をするにしても、一定期間は相手の収入で生活できるのでリスクが軽減される。**人生に「保険」をかける**意味でも、二人とも働いていたほうがいい。そして、これまでとは違った生き方をしていく上では、同じ環境で生きるカップル同士が「知恵」をシェアしていかなくちゃならないはずです。一度仕事を辞めて専業主婦になった方も、仕事に復帰されたい気持ちがあるなら、ぜひこの本を参考に準備をはじめてみてほしいと思います。

「生活術＝仕事術」である

小室　大きな視点でこの本の意味を述べるとそんな感じなのだけれども、私も駒崎さんもまだ三〇代。働き方の問題については専門家を自認する私たちだけれど、夫婦として、ましてや親としては、まだまだ新米だよね。

駒崎　おっしゃるとおりです。そもそも、僕は生まれてこのかた、「どうしたらモテるのか」ということは必死で考えてきたわけですが、「結婚」なんて、このあいだまで遥か彼方にある話でしたからね。結婚する直前まで、「オレは結婚というものを引き受けられる人間なのだろうか」とずいぶん悩みました。まあ、女性からすればただの「優柔不断」なんでしょうが（笑）。退路を断って結婚した今でも、日々試行錯誤、修行中の身です。

小室　私も、結婚直後はまだしも出産と起業の時期が重なったために、そのときは本当に大変だった。ずいぶん夫とケンカもしたし、無理が続いて倒れそうになったことも。そんなときに本当に助かったのは、友人・知人からのアドバイスや社員や仕事仲間たちのサポート。もちろんお互いの両親にもずいぶん助けられたけれど、住んでいるのは遠方だし、社会状況や家庭の置かれた環境が違うから、アドバイスなどはそのままでは受け取れないこともあった。そうした周囲の人や家族と一緒に今まで工夫してきた仕事や生活のアイデアを、この本でもっと多くの人とシェアできたらと思っています。もともと小さな創意工夫は得意だし、あとに続く人に同じ苦労をしてほしくない、という思いもある。何より、いちばん大変だった頃の私に伝えたいことがたくさんある。

駒崎　そうですね。「あのとき、知っておけばよかった！」ということ、結構ありますよね。そうした「生活のノウハウ」って、「仕事術」なんかと違って、直接人に聞いたり自分で苦労して会得したりしないとなかなか表に出てこない。僕もはじめたばかりの家庭生活ですが、人にシェアできるものがあれば、と思っています。いちばん大切なのは社会状況を踏まえた高い視点からの「考え方」なんでしょうが、多くの人に共通している問題もあるでしょうから、小さなノウハウや解決法も紹介できるといいですね。とはいえ「仕事術」と違って、自分の「生活術」を語るというのは何ともこっぱずかしいというか……。

小室　確かにね（笑）。でも、私たちはいつも「仕事と生活は切り離せない、まるごとよくすることが必要なんだ」と主張しているんだから、多くの人の生活術が向上するのも大事なことだよね。**生活術がレベルアップすれば、そのまま仕事の成果が上がることにつながるはずなんだから。**

二人で働くことがリスクヘッジ

小室　私は大学生まで、ずっと「専業主婦志望」だったんです。旦那さんのためにちゃんとご飯をつくって、子どもに手づくりおやつをつくって、という家庭像しか描けなかった。それは、自分の育った家がそういうかたちで自分が幸せだったと感じていたから。でも、大きくなってからよくよく親に聞いてみると、「何を言ってるの？　お母さん、働いてたわよ！」って。私が「遊びに行っている」と思っていた近所のお宅は実は預け先で、いつも家にあった手づくりおやつは母親が料理教室を主宰していたためだったと……。「えっ、うちは専業主婦世帯じゃなかったの？」と驚くと同時に、自分のもっていた固定観念の強さにも気づきました。

駒崎　親と同時にメディアの影響も大きいですね。「幸せな家庭像」として「お母さんがおうちにいる」という設定が長らくされてきたから、それ以外の家庭のかたちが「不完全なもの」とされてしまう。僕の母親はずっと働いていたので、小さいころは学校から帰ってくると一人で本を読んだりしていました。それが僕にとっての「ふつう」であり、特別寂しい思いをした記憶もありません。でも、知り合いの人に「お母さんが家にいなくてかわいそう」と言われたことがあって、それにはカチンとしたことを覚えています。親が働いているから「不幸」というのは、まったくもって失礼な話だろう、と。

小室　最近は若い女性に専業主婦志向が増えている、と言われますが、それは将来不安の裏返しでしょう。「男性に尽くしたい」というわけではなく、「誰かに守ってもらいたい」ということ。「自分が社会に出ることで何らかの価値を提供できるはず」ということを信じられずにいるわけで、それはとてももったいないことだと思います。

駒崎　こんな先の見えない時代に不安なのは誰でも一緒。男だって「オ、オレに頼られても……」って感じでしょうけれど（笑）。でも、不安だけにとらわれると、考えることをやめてしまう。行動できなくなる。先に進むためには、考えられるリスクを挙げて、それをヘッジしていくしかないんです。そのときに「稼ぎ手が二人いる」というのは、大きな武器になるはずですよね。

コミュニティを「獲得」する

小室　もう一つ、子どもを育てていて感じるのは、子育てを放棄しているのは母親ではなく地域なのではないか、ということです。団塊世代を中心とする私たちの親世代の場合は、地域にまだ子育てをサポートする力があった。ところが、今はそれが失われつつある。夫婦だけで子育てをするというのは、共働きかどうかにかかわらず、とても大変なことです。「子どもは夫婦だけでなく、社会全体で育てるもの」という考え方は大切だし、そうした方向でどうやって地域や社会をもう一度つくっていくのか、それを考えなければいけないよね。

駒崎　『孤独なボウリング──米国コミュニティの崩壊と再生』（ロバート・D・パットナム／柴内康文（訳）／柏書房）という本があるんですけれど、アメリカにおけるボーリング場はかつては家族やグループで賑わう場だったのに、今では一人でプレーする人が増えている、という。このことに象徴される「失われた社会的つながりをどう再生させていくか」というテーマの本なのですが、この本が提起している問題はそのまま現代の日本にもあてはまってしまいます。かつて、地域のつながりがしっかりあった頃は、隣のおばちゃんに「ちょっと出かけるから、子どもを預かってて」と言えばこと足りた。それが、住宅環境や働き方の状況からそうした地域コミュニティのしくみが機能しなくなり、その不足を行政がサービス化していった、という歴史の流れがある。

小室　私たち現役の子育て世代は、自分のためにも子どものためにも、改めてコミュニティを「獲得」しなければならないのでしょうね。地縁・血縁だけではない、**新しいかたちの「つながりの力」が求められている**のが今なんでしょう。

不確定時代を生きる基本の関係

小室　うちの夫婦は、結婚してから、将来の収支プランについて、エクセルを使ってざっくりとシミュレーションしてみたんです。そこから実感したのは、「二人で働かないと大変だ」ということ。「将来、年金がいくら出るかわからない」「出産後に妻が仕事を辞めると収入が激減する」、そういったことは知識としてわかっていても、数字として目の前に置かれるとかなりインパクトがありましたね。「夫婦でずっと働き続けなければならない」という夫婦の共通意識ができ、それが家事も育児も、そしてお互いの仕事についても、相談しながらやっていく上での基盤になっています。

駒崎　先日、年金の支払い記録を問い合わせるために社会保険庁に電話をかけたのですが、「今は高齢者の方が先なので」と順番を待つように言われてしまいました。僕たちの世代は一事が万事、この状態。上の世代がつくって破たんしたシステムを引き受けて生きていかなければならない。僕の場合、中学生のときに阪神大震災と地下鉄サリン事件がありました。「失われた一〇年」に多感な時期を過ごしているので、「不確実性」は頭と体に染み込んでいます。「JALが経営破たんに陥る」「リーマン・ブラザースがつぶれる」……、数十年前にこんなことを予想できた人がいたか、という話です。そして、東日本大震災がありました。これから二〇年、三〇年後がどうなっているか、自分がそこで何をしているか、そんなことはわからない。「わからない」ということだけは確信している、そんな状態です。だからこそ、そうした時代をともに生きていく夫婦は、**基本的な信頼関係をつくる**ことがとても重要なんだと思います。

小室　「信頼関係をつくる」ということは、仕事においてもとても大切なことだけれど、そうした基本的な人間関係づくりとして、結婚はとてもよい機会ですよね。恋愛だったら逃げることができるかもしれないけれど、結婚するとそうもいかない（笑）。

駒崎　僕もそう思って結婚を躊躇していたクチですが（笑）、将来がわからないままだと不安になり、つい不安に根ざした行動をしてしまう。守りに入れば入るほど人間の視野は狭まって自分自身を不幸せにしてしまう。それって悪循環ですよね。どんな状況に陥っても幸せはつくり出せる。そして、そのための最小限の単位として夫婦と家族があり、その信頼関係がある。僕は「家庭をもつ」という重圧にビクビクしていたけれど、実際には生き方を変え、新しい価値観をもつチャンスだった。もちろん、結婚する・しないは個人の価値観の問題ではあるけれど、僕自身は、結婚は一人の相手と思い切り向き合う、とても貴重な経験だと思って毎日を送っています。

小室　そうした基本的な人間関係と自分なりのコミュニティをつくるためのヒントを読者の皆さんにお伝えできればいいですね。結婚、出産、育児、お金など、家庭で向き合っていくトピックごとに、お互いの考え方とノウハウを提供していきましょう。仕事における専門的知見とあわせて、恥をしのんで（笑）、それぞれの家でやっていることも紹介する、と。私は**考え方をそうした実践まで落とし込める**かどうかが変化のカギになることを強く信じていますから。

それじゃあ、そろそろはじめましょうか。

序章 あなたの「結婚観」はバージョンアップしたか？

第1章

コミュニケーション戦略

第2章 時間戦略

第3章
妊娠・出産戦略

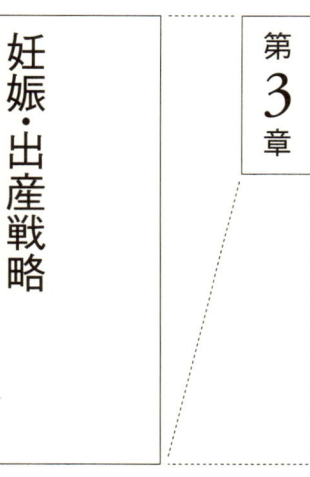

第4章 育児戦略

第5章

お金戦略

終章

ワーキングカップルを続けるために

序章

あなたの「結婚観」はバージョンアップしたか？

「大黒柱ヘッドギア」を外そう

駒崎

年収いくらなら結婚できる？

最近、大学の後輩からこんな相談を受けました。

「いま付き合っている彼女が『そろそろ結婚したい』って言ってきたんです。俺は月収三〇万円ももらっていないのに、結婚なんてまだ早いですよね……」

後輩が付き合っている彼女は働いている、と言います。それなのに、彼が結婚を決意するにあたってどうして自分だけの月収をベースに考えているのか、僕にはそれが不思議でした。

男性が外で働いて収入を得て、女性は男性が効率よく働けるように家事労働と育児を担当し、子育てが一段落すれば家計を補助するためにパートタイムで働く……。「結婚」に対してこのようなイメージをもっている人はまだ多いのでしょう。この後輩もそうしたかたちの家庭で育ったのかもしれません。人は誰しも身近にある家庭像を見てそれが唯一の家庭のあり方だと思ってしまいがちです。


「はじめに」でも述べましたが、一九五〇年代から二〇年ほど続いた高度経済成長期に結婚して家族をもった世代の方、特に都市部の大企業に勤めていた方は、こうした「大黒柱＋専業主婦の妻」のスタイルで家庭を築くことが大半でした。経済がどんどん成長し、働けば働くほど儲かる高度経済成長期においては、こうした「男性は死ぬほど外で働き、家に帰って充電し、再び戦線に出る」「妻はその〝銃後〟を守る」という役割分担のスタイルには、一定の合理性があったのです。

でも、それが日本社会における伝統的な家庭のあり方か、と言ったら、それはまったく違います。高度成長期においてさえ、このモデルケースが成り立ったのは「都市部の大企業に勤める人」だけでした。終身雇用が約束され、給与が安定して上がり続ける立場にある人だけにとって通用するモデルであり、高度経済成長期にあっても、農林漁業に従事する方や自営業の方は「夫婦共働き」、もっと言えば「家族総出」で働くことが当然だったのです。

さらに、現在においては、「自分は安定した職についている」と感じている方はごくごく少数でしょう。企業における終身雇用制は崩壊し、リストラや転職も当たり前の時代になっています。さらに、転職したり勤続年数が上がったりしても、給与が上がる保証はありません。「与えられた仕事をちゃんとやれば報われる」「働けば働くほど経済的に豊かになる」というかつての明るい見通しは、もはや過去のものとなっています。個人も家庭も企業も、「先が見えない」という不確実性のなかに置かれています。

そう、今から振り返ってみれば、「企業戦士＋専業主婦」の家庭像がモデルケースとして機能したのは、ほんの一瞬のことでした。

こうした不安定な時代には、共働きでいることは、リスクヘッジの意味をもちます。夫（または妻）がリストラにあっても、転職・起業をするにしても、もう片方がその時期を乗り越えるだけの収入を得ていれば、大きな問題にはならないはずです。

先の僕に相談をしてきた後輩カップルの場合だって、夫が月収二五万円を稼ぎ、妻も二五万円を稼いでいれば、家庭全体の所得は月五〇万円になりますから、（マイホーム購入などの過剰消費をしない限りにおいては）都市部に住んでも十分生活を送れることでしょう。夫婦共働きを前提とすれば、結婚を躊躇する理由は何もないはずなのです。

僕は後輩に、「これから夫だけが稼ぐという家庭はごくごく恵まれた一部になるし、二人で働くことが必然の世の中になる。だから、彼女と話し合って、助け合いながらやっていくことを考えたほうがいい」とアドバイスをしました。

社会変化についていけない家庭像

僕は一九七九年生まれで、同世代がちょうど結婚や出産の時期を迎えています。僕たちの世代は、いわゆる「ロストジェネレーション」と呼ばれ、幼いときにバブル経済が崩壊し、就職でも苦労した世代です。不況の日本を「当たり前の姿」ととらえ、親の世代とは社会の状況が明らかに違うことを理解しています。おそらく、この本を読んでいる読者の方々もそれに近い感覚をおもちなのでは、と思います。

図1 30代男性の未婚率は著しく上昇

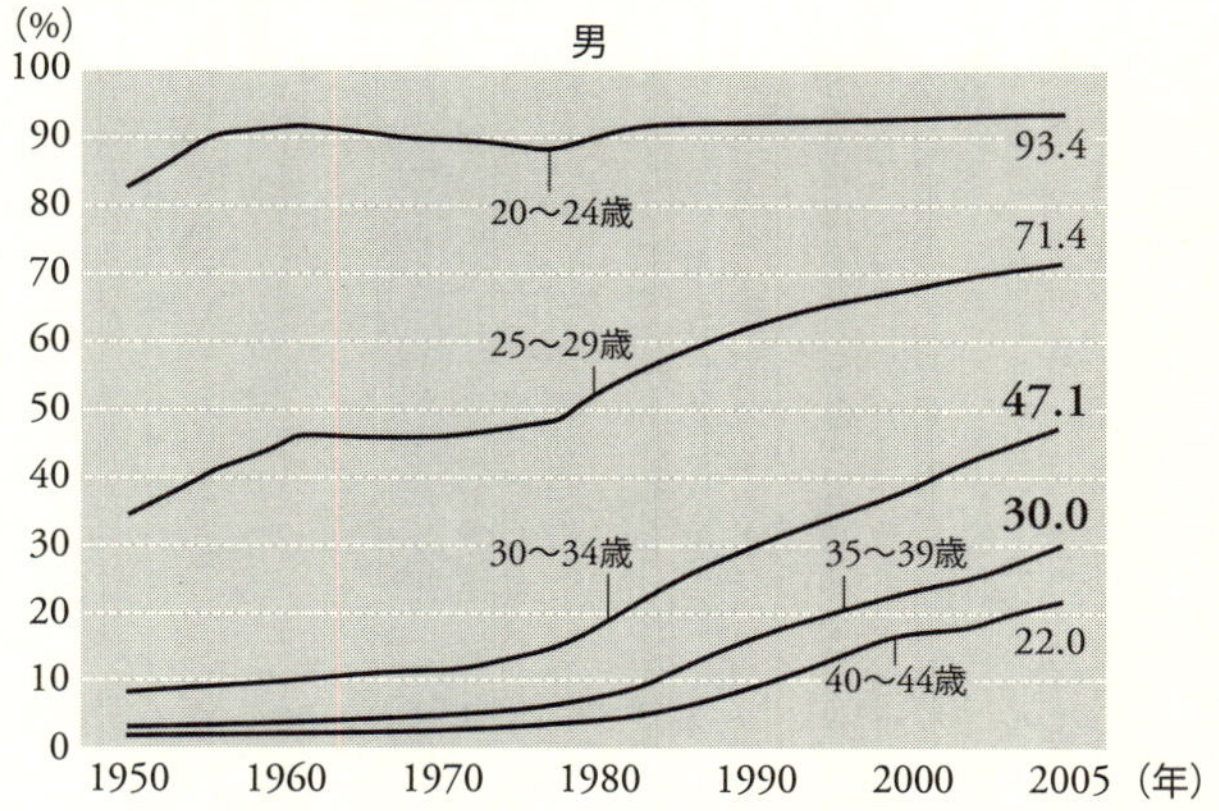

※総務省統計局・国勢調査「20〜44歳の年齢別未婚率の推移（1950年〜2005年）男性」より

でも、いざ結婚・出産となったとき、それ以後の家庭生活をイメージするにあたって、どうしても思い浮かぶのは自分の親の姿です。いっときの基本モデルである「企業戦士＋専業主婦」家庭で育った人は、どうしても「男が家族を養う、食べさせる」という長年染み付いた価値観から逃れることができていないように感じます。男性の方々、胸に手を当てて考えてみてください。「小さいときにはママが家にいてクッキーを焼いてくれたから、僕の奥さんにもそうしてほしいなー」といった発想をしていませんか？

こうした「男が養わねば」という思い込みの強さは、世間の情報を遮断し、おかし

図2 共働き世帯数は1997年に片働き世帯を逆転

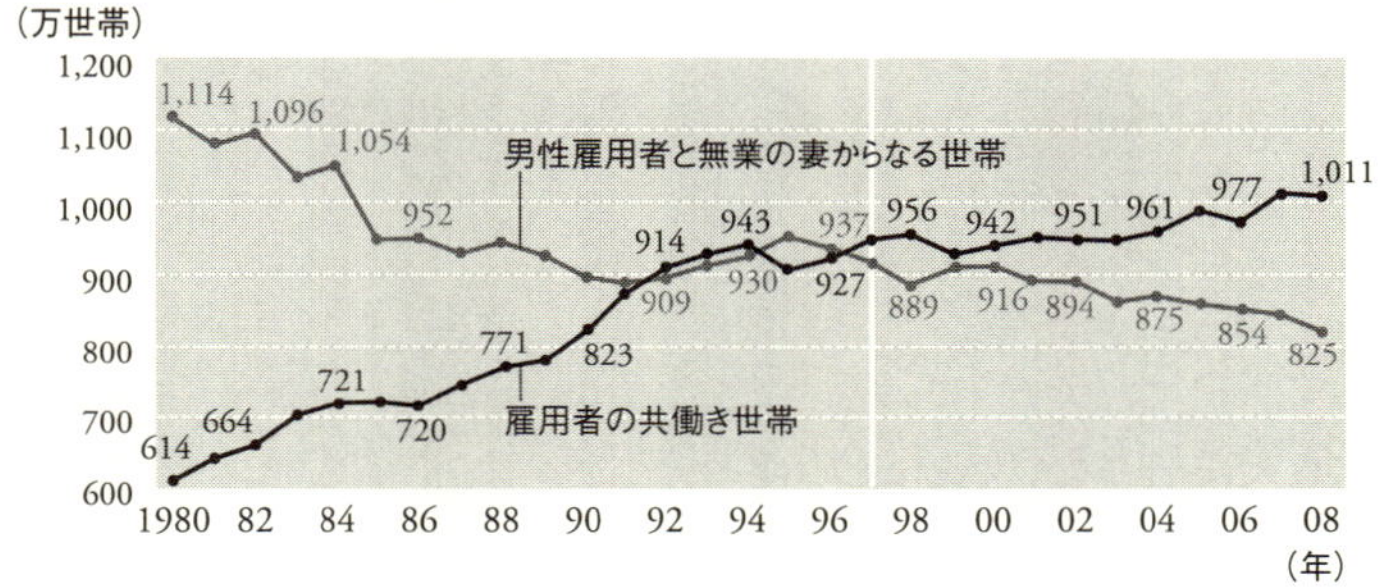

（備考）1. 昭和55年から平成13年は総務省「労働力調査特別調査」（各年2月。ただし、昭和 55 年から 57 年は各年 3 月）。11 月以降は「労働力調査（詳細集計）」（年平均）より作成。
2. 「男性雇用者と無業の妻からなる世帯」とは、夫が非農林業雇用者で、妻が非就業者（非労働力人口及び完全失業者）の世帯。
3. 「雇用者の共働き世帯」とは、夫婦ともに非農林業雇用者の世帯。

※内閣府・男女共同参画白書「共働き等世帯数の推移（平成 21 年版）」より

な教えでマインドコントロールする「ヘッドギア」をはめたかのよう。僕はこれを「大黒柱ヘッドギア」（笑）と呼んでいます。

日本の未婚率は男女・年代問わずにここ三〇年間上昇を続け、少子化の一因となっています。特に三〇代男性の未婚率が著しく上昇している（図1）のは、こうした社会状況の変化を理解しないまま、親世代の夫婦像を理想として思い浮かべ、そこに生じる責任の重さにたじろいでいるからではないでしょうか。

でも、ちょっとデータを見てみると、「夫は外で働き、妻が家を守る」というモデルは一九八〇年を境に減少に転じたことがわかります（前ページ、図2）。一方で夫婦共働きの世帯数は一九九七年に片働き世帯を逆転し、いまや多数派になっているのです。

これからは、「男性が働いて、女性は家でクッキーを焼いている」というような家庭は、希少なモデルになることでしょう。これだけ社会も働き方も変わったのに、結婚や育児のあり方だけが昔のままであるはずもありません。**今こそ、「大黒柱ヘッドギア」を外すべきとき**なのです。

僕の「ヘッドギア」が外れたとき

こんなことを言っている僕も、かつてはガチガチにヘッドギアをはめていました。付き合っていた彼女との結婚を考えはじめた二〇代後半の頃、「はたして自分に結婚して家庭を築く資格なんてあるのだろうか」と思い悩んでいたのです。

僕は大学を卒業後、病気で保育園に登園できない子どもを預かる「病児保育」という事業をはじめました。当時、メディアで「日本の社会起業家の先駆け」などと取り上げてもらうことが増えていたものの、実際のところ、経営するＮＰＯはまだまだ不安定でした。

彼女との結婚を前にしても、「結婚できるほど一人前になったとは言えない」という意識があったのです。

僕が手がける病児保育事業の利用者は共働きの家庭が大多数なので、共働きのご夫婦は身近な存在です。付き合っている彼女も安定した仕事についていましたし、起業するにあたって人口動態や社会情勢についての統計や文献も調べていたので、夫だけが稼ぐスタイルは今後現実的なものではなくなる、という知識もありました。そんな知識をもってしても、「結婚は経済的にも精神的にも成熟してからするものであり、その自信がなければしてはいけない！」という強固なヘッドギアにとらわれ、決断をずるずると先延ばしにしていたのです。

今から振り返れば、「そうした気負いこそが青臭いんだよ！」と当時の自分に突っ込みたい気持ちになります。当時の僕は「結婚＝終着点」と捉えていて、「結婚＝お互いが成長するプロセス」という本質にまで思いが及ばなかったのです。そうした気負いや迷いは彼女にとっくに見抜かれており、「何をいじいじと考えているのかしら」と思われていたようです。

僕が「大黒柱ヘッドギア」から解放されたのは、ようやく結婚に踏み切ったあとに起きたある「事件」がきっかけでした。

経営するＮＰＯの資金繰りが急速に悪化し、自分の給料を出せないかもしれない、という事態に陥ってしまったのです。対応に駆けずり回り、家に帰ってからおそるおそる妻となった彼女にそのことを告げました。すると、こんな答えが返ってきたのです。

「私も働いているんだから二、三カ月は大丈夫だよ。こっそり貯金もしているし」

そのとき、僕はようやく、自分が家庭を支える「大黒柱」なのではなく、彼女と僕とがともに支える「二本柱」なんだ、と実感しました。人生の窮地と「カッコワルイ」自分の姿を好きな人の前でさらけ出すことで、ようやく「夫婦はパートナーなのだ」と腹の底から理解することができたのです。すると、そうとは気づかずにはめていた強力なヘッドギアが、少しずつ外れていくのがわかりました。

僕の場合は、ヘッドギアから解放されたのは結婚してからのことでしたが、これから結婚しようとする人たちは、なるべく早くその呪縛から解き放たれてほしいと思います。なぜなら、夫婦共働きを基本にして結婚生活や子育てを考えたほうが、**より合理的であるだけでなく、圧倒的に楽しい**からです。

「OS」を書き換える

現在、三〇代男性の平均年収は三〇〇万円台とされ、一〇年前に比べて二〇〇万円も減少しています（次ページ、図3）。

この要因は、三〇代に非正規社員が増加したことが大きいのですが、正社員であっても平均年収は下がっているのが現実です。そして、今後も年齢につれて給与が上がり続ける人はごくごくわずかでしょう。「結婚するなら五〇〇万円は稼がないと」「年収六〇〇万円なければ生活できない」などと、もう過去のものとなった基準を基にして、「その年収になるまで結婚はできない」「その年収をもつ相手が現れるまでは結婚しない」と考えていると、結婚する機会そのものを失うことにつながります。

世の中には多様な家庭のかたちがあり、それぞれの夫婦が決めるべきものです。ただ

図3 30〜34歳 男性の所得分布

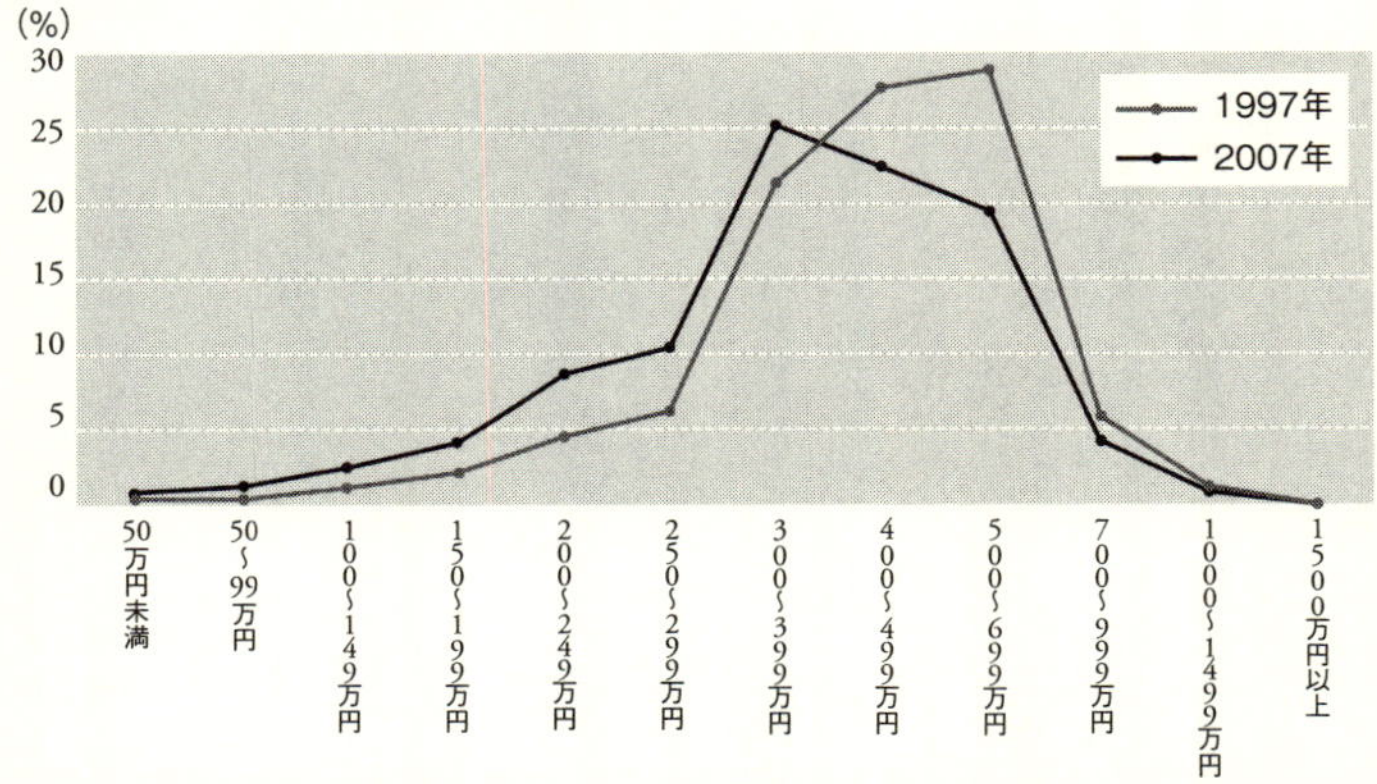

※総務省・就業構造基本調査・全国編「年齢、男女、世帯所得、世帯の収入の種類、配偶者関係。就労希望の有無、求職活動の有無別無業者数・30代〜40代」より

し、夫だけが家計を支える働き手である形態は特殊であり、歴史と世界を見渡せば、共働きこそが一般的なかたちなのです。

たとえば、スウェーデンでは九割以上の家庭が共働きであり、専業主婦はごく特殊な階層に存在するだけです。社会のしくみもカップルがともに働いていることが前提となっています。そうした前提からも、「妻は自分の所有物ではなく、よきパートナーである」という意識が生まれます。

「女性が働いて経済力をもつと、離婚数が多くなる」と言って女性の社会進出に反対する方がいます。確かにその相関性は女性の社会進出が進んだ海外諸国のデータからも見えています。「すべての事象には正負の両面がある」と考えたとき、僕はたとえ離婚率が上がったとしても、女性が誇りをもって働く仕事をもち、経済力をつけて自立して生きていける社会にすべきだと考えます。そして、多くの魅力的なロールモデルとなる夫婦がいれば、離婚率増加は抑えられるはずだとも思います。

「夫が収入を得て妻が支える」というモデルは、いまの二〇～三〇代の多くの人にとっては自分の親世代の働き方そのものであり、結婚や家庭イメージの根底を成す「ＯＳ」（ウィンドウズのような基盤となるソフトウェア）のようなものです。でも、その「ＯＳ」は既に時代遅れになっています。古くてアプリケーションもろくに動かせないような「ＯＳ」はバージョンアップして、**夫婦が仕事も家事も一緒に担う、新しい家族のスタイル**をつくるべき時期にきているのです。

新しい「ワーキングカップル」を目指す

小　室

自分で自分を養えますか？

駒崎さんが指摘する「大黒柱ヘッドギア」、私も結婚前の夫に感じたことがあります。私と夫は同じ年で、二七歳のときに結婚しました。結婚前に何年も付き合っていたのでどんなことでも一緒に話し合える関係だと思っていました。けれども、話題がこと「自分たちの結婚」に及ぶと、なぜか夫の態度が微妙に変化するのです。その理由を聞いてみると、「収入、仕事から人生哲学のようなものまで、まだ自分には確固たるものがない。結婚はさまざまな意味で人生に責任をもつことだから、それに耐えるだけの自信がない」と言うのです。二〇代後半での結婚は、夫にしてみれば「まだ早い」と感じられたようです。それを聞いた私は「え？　私はあなたに何が重たいものを背負わせようとしているの？」とショックを受けました。そして、「彼は私のことを自立したパートナーとして見てくれているのだろうか？」と悩みました。

二〇代はもとより三〇代でも、「確固たる将来が見える」と言える人がどれだけいるでしょうか？　少なくとも私は「これから何が変わるかわからない」「保証されているものは何もない」という感覚でいました。二〇、三〇代は社会人として成長している過程ですし、すべてはこれからつくり上げていく、という意識でいるものだと思います。そうしたなかで、「結婚して二人で働く」ことで、将来が保証されていなくても多少のリスクは回避できる、どちらかが体調、勉強、起業準備などの理由で働けない時期があっても、そのあいだはもう一方が働いて生活を支えられる……。夫とそんな話をしながら、お互いの職業観や結婚についての意識をすり合わせていきました。

今から振り返ってみると、私たちの関係が少し変わった時期があります。

それは、私が大学在学中に一年間休学し、アメリカで放浪生活を送っていた時期のことでした。当時、既に付き合っていた夫がちょうどアメリカに留学することになり、二カ月間、すぐ近所で暮らしたのです。当時、労働ビザをもたない私にはまったく収入がありませんでした。一日でも長くアメリカに滞在したいがために、「一日一ドル」といった、日本では想像したこともないような貧乏生活を送っていました。極力お金を使わないようにカレンダー一つでも手づくりするような生活です。のほほんとした女子大生だった私の姿しか知らない彼は、そうした私の鬼気迫る節約ぶりを見てずいぶん印象が変わった、と言います。そのときのことが、私との生活や将来を現実的に考える上でとても大きく影響した、というのです。

前の駒崎さんの経営上の危機を夫婦で乗り切った、という話もそうですが、見栄を張ったり外見を取り繕ったりするのではなく、腹を割ってお互いをさらけ出す経験は夫婦の意識のすり合わせとなり、絆ともなります。

私はいつも部下や後輩の女性に「結婚や出産を経てずっと働き続けるということは、自分のことを自分で食べさせていける、ということ。そのメリットは、結婚相手を地位や収入ではなく、愛しているかといういちばん大切な基準で選べることだよ」と言っています。そして、相手の男性にもその覚悟を伝えるように、ともアドバイスしています。「私はずっと働いて、自分で自分を養っていくつもりであって、あなたに何かを背負わせるつもりはない。二人でいればできることも増えるから、知恵を出し合いながら一緒にやっていこう」と。

地位や収入を基準に結婚相手を選ぶことも一つの価値観だとは思いますが、それだけを基準にして結婚し、あとでそれがアテにならなくなったときは結婚生活までが一緒に破たんしてしまいます。「絶対的にアテにできるもの」などはないこれからの時代、**「自分を自分で養う」という覚悟をするかどうか**はとても重要なポイントです。

出産・育児にもある「思い込み」

結婚にあたっての「思い込み」の話をしましたが、こうした思い込みは、出産や育児の場面でもたくさんあるように感じます。

たとえば、「三歳児神話」。「子どもがいないあいだは共働きでもいいけれど、子どもが生まれたら仕事を辞めて子どものそばにいたい」という考えをもつ方は多く、その根拠としてよく挙げられるのが「三歳までの子育ては子どもの情操に与える影響が大きいので、母親の手元で育てなければ悪い影響がある」という言説、いわゆる「三歳児神話」と呼ば

図4 父親が育児に関わることが子どもの社会性を伸ばす

「休日に父と過ごす時間」別にみた「子どもの行動」

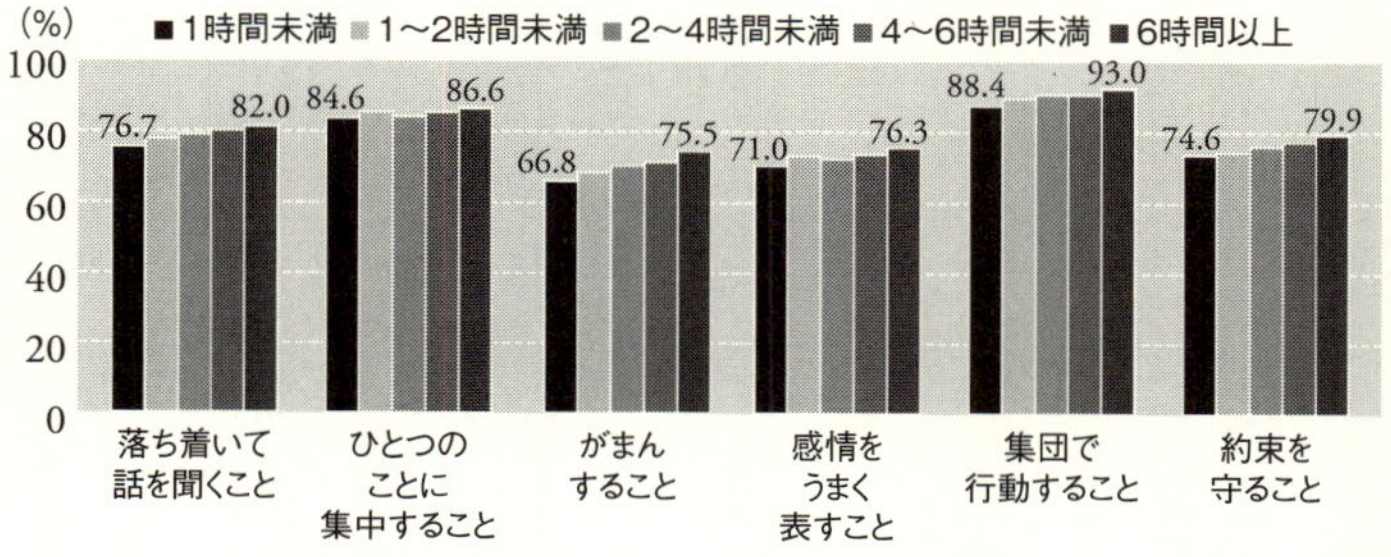

注：第1回調査から第6回調査まで回答を得た、第2回調査時に父と同居している者（総数 34,892）を集計。第2回調査（1歳6か月）の「休日に父と過ごす時間」別に、第6回調査（5歳6か月）の「子どもの行動」で「できる」と回答のあった割合をみると、父と過ごす時間が長いほど割合が高くなっている。

※厚生労働省・21 世紀出生児縦断調査より

れるものです。

私も人間の成長にとって幼少期の環境が大切なことは間違いないだろうと思っています。この時期の親子の関係が人間関係の基盤を形成する上で大きな影響を与えるだろうとも感じます。でも、だからこそ、この大切な時期に子どものそばにいるのが「母親だけ」でいいのだろうか、と疑問に思うのです。

子どもが大きく成長する、そして子どもがいちばん可愛らしいこの時期こそ、両親二人がしっかりと子どもに関わり、親子の絆をつくる。そして、社会全体が子どもを見守る。それが、子どもにとってはもちろんのこと、夫婦の関係にとっても、社会にとっても、非常に大切なことなのではないでしょうか。厚生労働省は「(完全に母親の手元でなければならないという)合理的な根拠はない」と発表しています(『平成一〇年版・厚生白書』)し、乳幼児期に父親が積極的に育児に携わっていた家庭の子どもは社会性が高いというデータ(図4)もあります。

戦後に発生した「三歳児神話」は母子の密着を生み、父親を育児から排除してきた側面もあります。子どもが小さいときから父親が積極的に育児をすることは、**「父親に子育てを解放する」**ことでもあるはずです。

「夫の残業」は見えにくい退職理由

男女雇用機会均等法の施行から四半世紀余りがたち、「女性が結婚、出産を経て、生涯働き続けること」は一昔前に比べてずいぶん「ふつう」のこととなり、「やりがいのある仕事をずっと続けたい」という女性の意識変化も起きました。

団塊世代の一斉定年退職により労働力人口が激減するなかで、二四時間働ける男性だけに頼った組織構成は立ちゆかなくなり、能力ある女性に今以上に活躍してもらうことは火

図5 女性社員の育児休業取得率は上昇

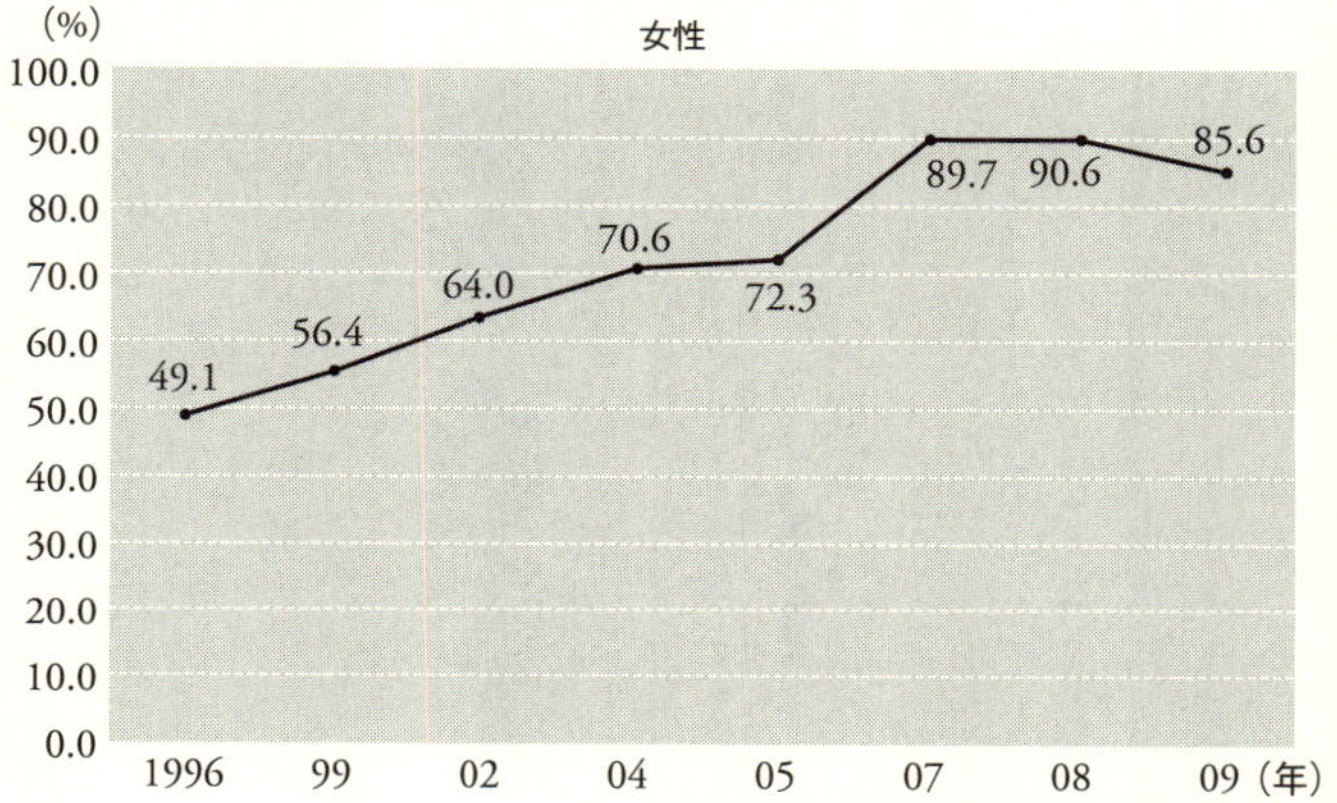

※厚生労働省・雇用均等基本調査（平成21年度）より

急の課題となっています。こうした問題に対する意識の高い企業を中心に社員の出産や育児を支援する制度の導入も進み、企業における女性社員の育児休業取得率は上昇しています（図5）。

しかし、実際のところ、まだ全体の七割ともいわれる女性が「妊娠を契機にして退職」しているのです（図6）。つまり、育児休業制度は広く認知され、働き続ける女性はきちんと休んで出産するようになってはいるものの、出産が女性の大きな退職理由になる構造そのものは大きくは変わっていない、ということです。育児休業制度が使えるはずの正社員であっても、取得を阻むような風土の職場がまだまだあるのが現

図6 出産後、女性の就業率は急激に低下

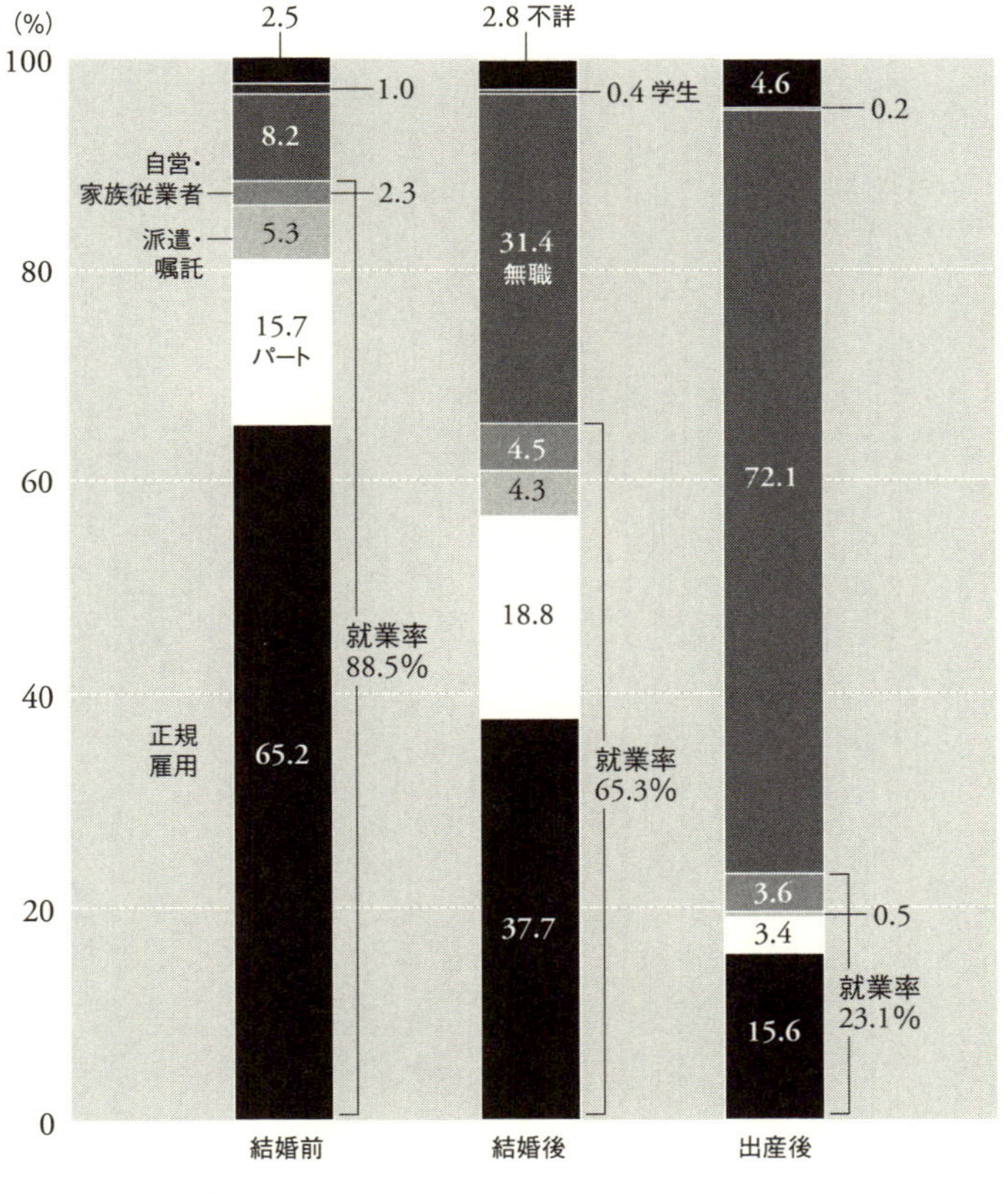

（備考）1. 国立社会保障・人口問題研究所「出生動向基本調査」（2002 年）により作成。
2. 結婚持続期間 5 年以上、結婚 5 年未満に第一子を出生した初婚同士夫婦の妻 4,547 人のうち、結婚年次が 1995 年～99 年の者を対象としている。
3. 「結婚前」と「結婚後」、「出産後」の三つの段階における女性の就業形態を表している。

※内閣府・国民生活白書（平成 18 年度）より

実です。そして、さらに女性の就業継続を阻む大きな壁が「夫の長時間労働」です。せっかく育児休業を取得しても、出産後、夫の帰らないなか深夜まで続く孤独な育児に疲れ切り、職場復帰を断念してしまう人があとを絶ちません。

妻が仕事を辞めると、家族全員を養う責任が夫の肩一つにかかってきます。そして、現在は大企業でも年間に給与が平均七、八％下がっている時代です（図7）。

夫だけが働いている家計では、給料が下がったとき、「これまでよりも残業をして、手取り額を確保しよう」とする意識が働くことがあります。これで夫は長時間労働に拍車がかかり、人員削減と長時間労働が続く環境では、過労死やメンタル不調などの深刻な問題が多発しています。妻は、夫が家事や子育てに関わる時間が減ることで、さらなる孤独な家事・育児を強いられ、二人目を生みたいという意欲が低下していきます。その結果が**さらなる少子化となって返ってくる**、というわけです。

目指すは「ダブルス」のプレーヤー

前項で述べたような悪循環を解消することは政治の役割でもありますが、私たちの意識

図7 大企業においても年間給与は低下傾向

(%)

年・期	事業所規模			
	500人以上	100〜499人	30〜99人	5〜29人
現金給与総額				
（前年比）				
2008年	-1.9	-0.5	-0.9	-0.5
09	-7.5	-3.1	-5.4	-2.6
（前年同期比）				
2008年 Ⅰ	-0.3	1.3	0.2	0.1
Ⅱ	-1.9	-0.3	-0.2	-0.4
Ⅲ	-1.3	-1.0	-1.2	-0.7
Ⅳ	-3.3	-1.4	-2.2	-1.2
09 Ⅰ	-5.7	-4.1	-4.1	-1.6
Ⅱ	-10.4	-3.9	-7.2	-1.9
Ⅲ	-6.2	-2.1	-5.1	-3.0
Ⅳ	-7.2	-2.7	-4.9	-3.6

（注）1）調査産業計、事業所規模５人以上。
2）前年比などの増減率は調査対象事業所の抽出替えに伴うギャップ等を修正した値。

※厚生労働省・毎月勤労統計調査「労働経済の分析」より

づけで改善できる部分もあるはずだと感じます。

一九九〇年代から続く景気後退は、「失われた一〇年」を「失われた二〇年」という呼び方に変え、日々伝えられる年金問題や財政危機の話題によって、日本の将来を悲観する声が強くなっています。確かに、今後の日本において、かつてのような経済的成長を見込むことは現実的ではなくなっています。そうは言っても、私は今の状況を「不幸」ととるかは見方の問題だと思うのです。

考えてみてください。今は育児に積極的に関わりたい、という男性が急増しています。これらの方は、自分が多忙な父親とコミュニケーション不足だったことや、家庭にあまり関わらなかった父親が定年後に居場所のない思いをしている様子を反面教師として捉えている面もあるようです。さらに、景気後退から企業の残業制限は厳しくなり、多くの職場で生産性向上が意識され、ムダな会議や付き合い残業が減りました。法律で育児休業が保障され、出産を経て働き続ける女性の数は飛躍的に増えました。保育環境の整備など、社会の育児支援も途上ながらも確実に進みつつあります。

つまり、前述のようにまだ課題は多いものの、意識面でも制度面でも、この二〇年のあいだに「男女が協力して育児にあたる」という「当たり前のこと」をずいぶんしやすい社会になっているのです。男性も女性も、自分と家庭、そして社会に目を向け、仕事にも家事にも育児にもしっかり取り組む。「仕事か家庭か」という判断を迫られることなく、人生のステージに合わせて柔軟に働き方を変え、より充実した生き方ができる社会に近づいてきました。

これまでの共働き夫婦のかたちは、夫は「攻撃（稼ぐこと）」を担当し、妻は家事や育児に加えて家計補助で「守備（後方支援）」をする、というものでした。スポーツにたとえれば、「野球のプレーヤーである夫をマネジャーの妻が支える」という感じです。

でも、このやり方は現代の環境では通用しにくくなっています。この環境で成り立つ新しい夫婦像を考えてみると、それは夫婦ともに仕事にやりがいを感じながら、子育てを楽しみ、地域社会にも参加し、人間としての視野を広めていく、たとえれば、**「テニスでダブルスを組む」ような夫婦のあり方**です。二人ともがプレーヤーであり、打ち込まれる球を近くにいるほうが打ち返す。自分が打てないところに球が飛んできたら、信頼するパートナーが打ち返してくれる。どちらかが不調のときはもう一方がサポートしてともに勝利を目指す、そんな関係です。

そんな方向に向かう今は、「素晴らしい時代」だとも言えるはずなのです。

第1章

コミュニケーション戦略

夢を視覚化してみる

小　室

パートナーの価値観を知る

「いざ結婚！」となったとき、どんなことを話し合いますか？　付き合っているときの雰囲気のまま結婚生活に突入してしまうことも多いと思いますが、結婚生活をスタートさせるとき、「将来に対してどのような理想をもっているか」を具体的に話し合うことは、夫婦が同じ方向を向いて歩むためにとても大切なことだと思います。

私自身や周りの方からの話を聞いていると、結婚、あるいは子どもをもつことへのイメージは、その人が育った環境や社会的風潮が大きく影響していることを改めて感じます。それぞれがもつイメージが大きく違ったまま結婚生活に踏み出すと、あとから大きな齟齬を生み出す危険もあります。「お互いに尊敬し合い、自己実現を支え合う夫婦でいたい」と考えるなら、パートナーやその候補が、結婚や子育てについて本当のところどう考えているのかを知っておきたいものです。

そうはいっても、人間というのは複雑な生きものです。いかにも「よきパパになりそう!」と思われていた男性が、実際の結婚生活では仕事を断れずに残業三昧で育児どころではなかったり、「オレ、料理がうまいんだよ」と自慢していた男性が、料理をするのはホームパーティなどのハレの日ばかりで毎日の食事づくりは完全に妻任せだったり、といったこともよく聞く話です。

では、どうすれば、今後夫婦としてやっていくため、最低限必要な相手の価値観を知ることができるのでしょうか。

ここでは、**二人で何らかの「まじめな話」をしてみる**ことをお薦めします。政治、世界情勢、経済、教育などテーマは何でもいいでしょう。日常の会話から少し離れたテーマで話をしてみると、そのコミュニケーション方法から相手の問題解決への姿勢が見えてきます。議論に負けそうになったからといって揚げ足を取る人、瑣末な点を突いて相手の話の腰を折る人などは、大切な話をするときに逃げてしまったり、相手を対等なパートナーとして見られない人だったりするかもしれません。「相手の話をしっかり最後まで聞いて、さらに自分の意見をきちんと伝えられる人かどうか」、これは人生のどの場面でもとても重要なことです。それができる人ならば、結婚後、問題が起こったときにも誠実に対応してくれるはずです。

結婚前の男女が、将来の結婚について話をすると、「○○あたりに住みたいね」「毎年一度は海外旅行に行きたいね」といった甘い夢ばかりを語り合うことになりがちです。それも楽しい大切な時間ですが、人生においては予想できない困難に遭遇することもあります。そのときに目の前にいる相手であれば、一緒になってその問題の解決にあたれるか。結婚に際しては、そうした違った視点でパートナーを見つめ直すことも必要だと思います。

夢を言葉と数字にしてみる

結婚前の価値観のすり合わせのために、もう一つお薦めしたい作業が**「将来エクセル」**

と呼んでいるシートの作成（次ページ参照）です。これは結婚後の「家計」を材料にして将来を語り合ってみるという方法です。

「そんなの現実的過ぎるのでは……」と思われるかもしれませんが、結婚は現実の生活を切り盛りすることでもあります。見込まれる収入、生活費、旅行費などからはじまり、子どもを生むかどうか、生むとすればいつくらいで教育費はどのくらいかけるか、そして、老後はどんなふうに過ごしたいか、というような項目に入力し、シミュレーションを行います。そのうえで、「二年に一度は海外旅行に行きたい」「車はいつごろ買いたい？　そもそも必要？」「これから取りたい資格があって」「家はどうする？」といった夢と必要な費用を入力していきます。

もちろん、若いうちから将来の姿が完璧に見えることなどないでしょう。項目も入れる数字もざっくりしたもので構いません。でも、お互いが夢レベルで考えていることを実際のお金の出入りとして「見える化」することで、お互いの将来設計や価値観などが浮き彫りになってきます。既に結婚しているご夫婦でも、数年に一度はこの作業をやることをお薦めします。大事なのは家計管理のように夫婦どちらかがメインで取り仕切るのではなく、あくまで「二人で一緒につくる」ということです。

Tips1 「将来エクセル」でプランづくり

「将来こうありたい」というライフスタイルを話し合い、ライフイベントの項目ごとにコストをエクセルで計算します。年齢ごとの目標貯蓄額などがわかり、生涯にわたって必要な費用がシミュレーションできるため、早い時点から二人の協力態勢ができ、仕事を続けるにあたってのモチベーションが上がります。

西暦		2011年	2012年	2013年	2014年	2015年	2016年
経過年		1年後	2年後	3年後	4年後	5年後	6年後
夫	さとし	34歳	35歳	36歳	37歳	38歳	39歳
妻	ゆり	30歳	31歳	32歳	33歳	34歳	35歳
子ども	たかし	2歳	3歳	4歳	5歳	6歳	7歳
子ども	第２子			1歳	2歳	3歳	4歳
進学状況（教育費）	たかし					小学校入学	
	第２子			保育園入園			
ライフイベント名	イベント名		イギリス旅行		オーストラリア旅行		
	支出予定額		50		50		

【収入プラン】

	上昇率（%）						
給与手取り収入（夫）	2.0%	360	367	375	382	390	397
給与手取り収入（妻）	2.0%	240	245	150	245	250	255
不動産等継続収入							
収入合計（年）		600	612	525	627	640	652

【支出プラン】

	上昇率（%）						
基本生活費		168	168	192	192	192	192
住居関連費（賃貸）		144	144	144	144	144	144
住宅ローン（購入）	╳						
車両費		36	36	36	36	36	36
教育費		48	48	48	72	48	48
保険料		12	12	12	12	12	12
教養娯楽費		36	36	36	36	36	36
予備費		20	20	20	20	20	20
ライフイベント支出	╳	0	50	0	50	0	0
支出合計（年）		452	502	488	562	488	488

【金融資産残高推移】

年間収支		148	110	37	65	152	164
現在金融資産残高	300	万円					
運用利回り（%）	0.30%	449	560	598	665	819	986

※参考：『30代夫婦が働きながら4000万円の資産をつくる 考え方・投資のしかた』（平野泰嗣 、平野直子／明日香出版社）

エクセルに落とし込んだ具体的な数字を見ると、夫婦のどちらかだけが働くことと共働きでいることの差も明確にわかると思います。妻が毎年手取りで二〇〇万円稼げば、三〇年間で収入は六〇〇〇万円になります。夫だけの収入では不安があっても、「二人で働き続ければなんとかなる」ということを実感できるはずです。そして、このエクセルを夫婦が共有することで、子どもが生まれても妻は働き続ける、という意識を夫婦両方がもつようになるのです。

仕事と家庭両面からの「お手本」を

結婚したあとは、**身近にお手本となる夫婦をもつ**とよいと思います。自分たち夫婦より三〜一〇年ぐらい先に結婚している「先輩」のような存在であれば理想です。会社に勤めている方なら、周囲に育児休業中の女性の先輩はいないでしょうか？　いれば、その方の自宅に遊びに行かせてもらえるとよいでしょう。

私も、前職のころに育児のために短時間勤務をしている先輩の自宅に遊びに行ったことがあります。その方は、ふだんの会社では「ああ、もうこんな時間！ 保育園に迎えに行かなくちゃ！」と忙しそうに仕事をしていました。私は「仕事と子育ての両立ってやっぱり大変なんだ。週末も疲れているんだろうな」と思っていました。ところが実際にご自宅に伺うと、真剣な形相で髪を振り乱していた姿はどこへやら。楽しそうに子どもの相手をし、幸せオーラで輝いている先輩の姿があるではありませんか。

「いつもオフィスで両立が大変大変ってこぼしてるけど、あれは短時間勤務用の〝ポーズ〟なの。ああでもしないと、周囲から『制度だけ堂々と使って……』なんて思われて、仕事への真剣な気持ちを理解してもらえないから。オフィスでは言えないけれど、子育ては最高に楽しいのよ！」

そんな先輩の言葉に私は「なんだ、子育てってそんなに楽しくて、仕事と両立する大変さを補って余りあるものなのか。それなら、いつか私もしてみたい！」と思ったことを覚えています。

職場で見えるのはその人の生活の一面に過ぎません。仕事と家庭の両方の事情を知る先輩の存在は、仕事を続けていく上での大きな味方となるはずです。

今、私の自宅には、週末ごとに後輩や友人が遊びに来ます。あるとき訪ねてきてくれた女性の後輩は、キャリア志向が強く、周囲から「彼女は子どもをもたずに仕事に生きるタイプだろう」と思われていました。来訪時、彼女は私の夫や子どもとたくさん話し、私にも家事のことなどを質問するのです。そして最後に「今日はありがとうございました。こういう生活もありですね！　今付き合っている彼は子ども好きなのですが、彼との生活に前向きになれました」と言って帰っていきました。それは彼女なりのサンプル調査だったようです。幸いにも私の家が一つのサンプルになれたのか、その後彼女は結婚し、出産と育児休業を経て、職場に復帰していきいきと働いています。

日本においては、結婚や育児の話題は、苦労や問題ばかりが伝えられやすい側面があるように感じます。満ち足りて幸せな人でも、それをそのまま周囲に出すことがはばかられるのです。「結婚って大変」「育児って大変」という否定的な言葉が若手に伝わり、結婚や出産・育児に対する不安を増強させてしまってはいないでしょうか。「こんな優秀な先輩が苦労しているんだから、私には絶対にムリだろう」といった思考が働くのです。

私はそのことに気づいてから、「結婚と仕事と育児を一緒にやると楽しくて相乗効果がある」「大変さもあるけれど、それを上回る幸せがある」ということを、意識的に幸せオーラを全開にして発信するようにしています。

読者の皆さんも、あとに続く後輩には、ぜひとも結婚や育児のよい側面を大げさなくらいに伝えて頂ければ、と思います。

夫婦の「すれ違い」が起きる二つの理由

家のなかでの夫婦の会話でこんなことがないでしょうか。

妻がこんなことを夫に訴えます。

「今日はまた課長が無理な指示を出してきて嫌になっちゃった。あの人、本当に周りの意見を聞かないのよね。取引先からクレームも入ったし、もう最低の一日だった……」

それに対して夫は、

「でも、この前も同じような話をしていただろう？　課長は上司なんだから、意見を聞かせたいなら工夫しないとさ、たとえば……」

などとアドバイスをして、ムッとした妻から、

「そんなこと、言われなくてもわかってるわよ！」

とかみつかれ、お互いに憊りた夫婦の会話は次第に減っていく……。
こうしたすれ違いが起こる原因には、二つの原因があるように思います。

（要因1）コミュニケーションのあり方の違い

女性は会話をすることで共感を求める人が多いように感じます。仕事での苦労や嫌な上司、困った取引先について目の前の相手の共感を求めようと、ついグチめいた話をすることもあるでしょう。それは解決策や対処法を相談しているのではなく、一日の出来事を話し、「そんな大変な環境のなかでキミはよく頑張ってるね！」と認めてもらいたい、という気持ちからです。ところが、その話を聞く男性は、「問題が提示されたら解決する」という思考に慣れています。妻は問題を解決したくて自分に相談しているのだと考え、「それならこうすれば」と求められてもいないアドバイスをする、というコミュニケーションギャップが生まれてしまうのです。

このコミュニケーションギャップはさらなる問題を引き起こします。夫は、アドバイスする一方で「こんな程度のことでグチを言うなんて、きっと彼女は仕事が嫌で仕方がないんだな。状況が許すならば辞めたいのだろう」と考えます。さらに「彼女が辞めれば家計を支えるのはオレしかいない。今のうちに頑張って出世しておかなければ」という考えに及び、さらに残業三昧で働きまくることになります。そんな夫の気持ちなど露知らぬ妻は、家事・育児を一人で担い、なかなか帰らない夫にイライラを募らせる……、**コミュニケーションギャップはそんな家庭内の悪循環まで引き起こしてしまう**のです。

（要因2）女性の「モデル」の少なさ

「すれ違い」のもう一つの要因は、「男性は女性が職場で置かれている環境を体感しておらず、辛さに共感できない」ことです。

男性は、親世代にも職場にも上司にも、働き続ける上でのモデルとなる存在がたくさんいます。仕事上の壁にぶつかったとき、同じような試練を乗り越えてきた人を近くに見つけやすいのです。社会的にも、雑誌や書籍で紹介されるようなキャリアのモデルとなる人は圧倒的に男性が多いのが現状です。男性はさまざまな先輩のおかげで、目の前の壁を乗り越えた先に何があるのかがわかるので、少しのことではくじけずに気持ちを保つことができます。

一方、女性にはそうしたモデルの存在が限られています。母親世代は定年まで働き続ける人は少なく、職場において働き続けている女性の先輩は、すべてを犠牲にして仕事に打ち込んでいる人だったり、圧倒的に能力の高いスーパーウーマンで近づきがたかったり……。数もタイプも男性に比べて圧倒的に少ないのです。

仕事に真摯に取り組んでいる男性は、妻や部下の女性のグチを聞いて、「甘えている」「仕事に対する真剣度が足りない」と捉えて腑甲斐ない思いを抱くかもしれませんが、多くの場合、女性が夫や身近な人にグチを言うのは、仕事への真剣度が足りないからでも、気持ちが弱いからでもないのです。自分をなぞるモデルがいない環境で、次々現れる壁を前に、その先に何があるのかもわからないままに挑むことは本当に不安なものです。そのことが、日々の仕事のなかでも大きな差となって現れるのです。

こうした違いは、男性にはなかなか思いが及ばない部分でしょう。実際、私がこうした内容をセミナーなどでお話しすると、女性からは大きな共感が寄せられ、男性からは「まったく考えたこともなかった」という感想を頂きます。

働く妻や女性の部下をもつ男性は、そうした**女性が置かれている状況について、少しだけ想像力を働かせてみて**ください。夫は妻のグチが決してやる気のなさから出ているわけではないことを知り、妻の側もグチを言ったあとには、「それでも、どれだけ自分が真剣に仕事をしているか」「どれだけ仕事を続けたいと思っているか」について、テレずに夫に伝えてみましょう。それによって、夫の側にも妻のキャリアを尊重する気持ちが生まれてくるはずです。

「これをやめて」を伝える工夫

結婚して一緒に暮らしているなかで、どうしても「これをしてほしい」、反対に「これはやめてほしい」ということも出てくると思います。

小さなことで言えば、「電気の消し忘れ」。私もかつて夫によく言っていました。「エコじゃないし、電気代がもったいないよ。気をつけて！」。でも、何度となく「電気、消してって言ったでしょ！」と怒ってみても、「わかった、わかった。今度から気をつけるよ」と流されるのがオチ、なかなか改善は見られません。途中からそれに気づいた私は作戦を改めることにしました。

彼の行動が変わらないのは、頭では指摘が正しいとわかっていても、注意されたことへの嫌な気持ちが残り、その嫌なことを忘れようとするあまりに「電気を消す」ということも一緒に忘れてしまうからでは……。そう思った私は、電気が（たまたまでも）全部消えていたときに、思い切り彼をほめてみることにしたのです。「あ、今日は電気が全部消えているね、助かる！　ありがとう！」と言い続けたのです。「ほめられた」というよい感情は残ります。そして、それとともに「電気を消す」ことも記憶に残るようで、彼はだんだん自分から電気を消すようになってくれました。

生活のこうした場面では、どちらか一方が「自分の主張が正しい！」と相手に認めさせることが目的になってしまいがちです。でも、**本当に大事なのは相手に「行動を変えてもらうこと」**のはず。その場で言い負かしたり、相手に謝らせたりしても、行動が変わらなければ意味がありません。そんな考えのもとに、私がこれまでに試行錯誤してきた方法をもうちょっとだけご紹介します。

■ほめ&もったいない理論

相手の行動を変えるためには「怒る」ことより「ほめる」ことが有効、これが基本の考え方です。していないことを責めるのではなく、してほしいことをしたときに、相手がびっくりするほどにほめるのです。最初は自分もちょっとテレくさいかもしれませんが、その効果は絶大です。大人であってもほめられて嫌な気持ちになる人はまずいません。相手がよい気持ちになることで、自然と行動は変わります。できている面に目を向けてまずはほめ、「一〇〇点満点になるためにここだけが惜しい、もったいないから挑戦してみてね」と背中を押すと、相手に伝わりやすく、結果として自分も気持ちよく過ごすことができます。

▪子どもの視点活用

二人で働いていると、家事や育児分担をめぐって、「私のほうが忙しい」という「忙しい競争」が起こりがちです。ここでは子どもの視点を上手に使ってみましょう。

以前、知人から「夫は平日に休みの日があるのに、保育園のお迎えに行ってくれない」という悩みを聞きました。「どんなふうにダンナさんに頼んでいるの?」と聞いてみると、「今日は休みなんだから、お迎えに行ってよ!」だと言うのです。私は「それじゃあ、絶対に無理だよ。『〇〇(子どもの名前)がパパのお迎えがいいって言うんだよね。このあいだお迎えに行ってくれたときもすごく喜んでたよ』って、子どもの視点で言ってみるといいよ」とアドバイスしました。すると、翌週には「小室さん、あっさり行ってくれました!」という報告がありました。

二人の関係を変える「ほめの循環」

相手に何かを要求するとき、**伝わるかどうかのカギはお互いに信頼関係があるかどうかです。**

職場ではこんなことがないでしょうか?

上司が日ごろのコミュニケーションを取っていない部下に対して怒る。聞いている部下の方は神妙な面持ちで反省の色を示すものの、実際には「いきなり怒られた」という怒りと驚きで一杯になり、上司が伝える内容に耳を傾ける余裕が残っていない。結果として部下の以後の行動は改善されないまま……。

「言えば直すだろう」というのは、残念ながら伝える側の思い込みに過ぎません。相手に何かを伝え、行動を変えさせるためには、常日頃から、「その人を大切に思っていること」「尊敬していること」を伝え、信頼を築くためのコミュニケーションをしていなければなりません。そのコミュニケーションがあるからこそ、「なぜ、行動を変えなければならないか」「なぜ、変えることが自分の成長につながるのか」について部下が理解し、そうしてはじめて行動は変わるのです。

そして、これはもちろん、家族や夫婦のあいだでも同じです。

「家事も育児も仕事もこんなに頑張っているのに、夫からほめられたことがないんです」と嘆く声をよく聞きますが、そうしたカップルをよく見ると、たいてい妻のほうでも夫をまったくほめていないのです。

「自分がしてほしいことは、先に自分が相手にしてみる」いう気持ちをもってみてください。「そのネクタイ、似合っているね」「ゴミを捨ててくれてありがとう、助かった」など、どんなことでもいいのです。人は、本能的にもらったものを返そうとします。一〇回ほめられて一回も返さないでいると、落ち着かなくなるものです。

ほめ言葉は循環します。**気づいたほうから、「ほめの循環」をはじめてみてください。**きっと、二人の関係は変わっていくことでしょう。

家庭内コミュニケーションで人間力アップ

駒崎

夫婦も「太陽作戦」で行こう

「電気をつけっぱなしにしないで！」

僕もよく妻に言われていたので、耳が痛い話です。さらに、そのときすぐに言うことを聞けないで、つい「たかだか数円の電気代の話で僕の行動を制限しないでくれ！」と逆ギレしてしまったことがあるのも、小室さんが指摘しているとおりです……。

なぜ、わかっているのに反発してしまうのか。それは、自分の誤りを指摘されることで、自分の小さなプライドが傷ついてしまうからなのでしょう。特に男性は幼いところがありますから、相手の要求を「はいはい」と聞くのは、何か負けたような気になるのかもしれません。

『ハーバード流交渉術』（ロジャー・フィッシャー他／金山宣夫他（訳）／三笠書房）というロングセラーのビジネス書があります。自分と相手の双方にメリットのある関係を築く、つまりは「WIN－WINの関係づくり」の重要性を説いた一冊です。いまではごく当たり前に思える内容ですが、一九八〇年代の終わりにこの本が出版されたときにはこの主張は非常に斬新なものとして受け入れられたようです。この本には『新ハーバード流交渉術──感情をポジティブに活用する』（ロジャー・フィッシャー他／印南一路（訳）／講談社）という続編もあって、こちらは「WIN－WIN」に加えて、「交渉で打ち負かせたとしても、結局、相手にポジティブな感情をもってもらわなければ、成功することはできない」と説いています。

まずは、「正しく、かつ、お互いが得をする提案をしなくてはならない」、さらには相手が負の感情ではなく、「それならやってみようかな」というポジティブな感情で受け止めるような言い方をしなくてはならない、というわけです。**これだけやって、はじめて人は行動を変えることができる**のです。イソップ童話の『北風と太陽』の話でたとえれば、北風作戦ではなく太陽作戦が功を奏す、ということでしょう。これは仕事だけではなく、家族内のコミュニケーションでもまったく同じことだと思います。

僕の周囲には、「うちのカミさんが怖くて」「奥さんに怒られちゃうからさ」と必要以上に「恐妻家スタンス」をとっている男性がたくさんいます。外向けには「恐妻家」というポーズをとることで自らのプライドを守る、という複雑な男性心理が見え隠れします。でも、それは妻と対等な関係で議論し交渉しながら一緒に家庭をつくっていくことにはつながりません。言葉には「言霊《ことだま》」があります。最初はネタとして妻を「鬼嫁化」しているつもりでも、それを繰り返し使っているうちに、自己認識をそれに沿ってつくり替えてしまう危険があります。そうなれば、ともに家庭をつくっていくパートナーどころではなくなってしまうでしょう。

ビジネスマンにとって、家庭でのコミュニケーションはそのまま職場のコミュニケーションの絶好のトレーニングの場になります。妻や子どもとの関係がうまくつくれない人は、若手の部下や女性社員との関係をつくることにも苦手意識をもつかもしれません。けれども、これからは男性ばかりだった職場に女性や高齢者、外国人などが加わり、多様な人が一緒に働くようになっていきます。こうした組織は一方的な指示命令だけではうまく動きません。ここでも基本的な人間関係と信頼づくりがとても重要になってくるのです。

だからこそ、**家庭内の関係づくりから多くのことを学ぶ人**、つまりはダイバーシティマネジメントを行える人がこれからのリーダーになっていくはずです。

妻をほめることが仕事のスキルアップに

小室さんは、夫婦でのコミュニケーションにおいて「ほめること」の大切さについて触れていました。実は僕の妻も「ほめ大臣」。何かにつけて、僕のことをほめてくれるのです。はじめはテレくさくて仕方なかったのですが、いつもほめてくれる妻につられて、僕もだんだん相手をほめることができるようになってきました。相手をほめあっている日常会話は恥ずかしくて、他人にはちょっと聞かせられません。でも、この「傍から見ればちょっと恥ずかしいほど」ほめあうくらいが、実際のところはちょうどよいのではないか、とも思っています。

そのことは、僕が仕事を通して学んだ「児童心理学」でも裏付けられています。子どもが成長する過程では、「自分はこれでいいんだ」と存在を認められる「自己肯定感」を育て、そののちには「自分はできるんだ」という「自己効力感」を育てることがとても大切なのです。この二つをもてるかどうかが、その後の人格形成の根幹に大きく関わります。

そして、成長してからもこの二つはとても重要なものです。「自分が認められる」ことは、大人にとっても、成長するため、そして健やかな精神でいるために必要です。にもかかわらず、「自己肯定感」を削り取られるようなことが日常的にあり、「自己効力感」を得られるチャンスはほんの少ししかない、というのが今の職場の現状ではないでしょうか？

結果として、心を病む人があとを絶ちませんし、「認められる」という感情を知らないままに大人になってしまった人もいるでしょう。家庭はそうした職場で削り取られた、または欠落した**「自己肯定感」「自己効力感」を再生する**ためにとても有効な場なのです。

男性はどちらかというと、ほめることが苦手な人が多いのではないでしょうか？　ほめることは「こびること」だと思っている人も多いようです。

以前、アメリカに留学していたとき、あちらの人のほめるスキルの高さに驚いたものです。初対面の人であっても、男性同士であっても、気軽に「I like your shirt!（そのシャツ、いいね！）」とほめるのです。一方、日本においては、仕事上で会った人から着ているものをほめられた記憶は（当然ながら）皆無です。

そんなことを言っている僕自身も男子校出身の日本男児ですし、他人を、特に女性をほめることは、とても苦手でした。

そんな僕のような男性は、「これはビジネススキルなんだ」と自分に言い聞かせて、「ほめ」を練習するといいかもしれません。「急にほめようと言われても、どこにほめるところがあるんだ?」と戸惑いを覚えるのであれば、コーチング理論で言うところの「ストローク」からはじめてみましょう。「ストローク」と言うとちょっと大仰に聞こえますが、要するに「声かけ」のことです。いきなりほめるのは難しくても、「おはよう」「先に行くね」など、何でもいいので妻に声をかけます。これまで目線を合わせる程度だった家庭のコミュニケーションを、声を出したものにしてみるのです。それに慣れてきたら「その服、いいね」「今日は顔色いいね」など、もうちょっと「ほめ」に近づけることができるはず。声にすることで、「相手の存在を認めている」「大切にしている」という信号を発信することができるのです。

マネジメント職であれば、「コーチング」について学んだことのある方も多いでしょう。家庭はそれを実践する最適の場です。**妻や彼女をほめることがそのまま仕事力アップ**になる! こんないい話はないと思いませんか?

コラム

結婚してみたら……

Cさん：（三〇歳・メーカー事務職・女性）

同じ年の彼と結婚して、三カ月になります。共働きを続けるために家事をしっかり分担したいと提案して担当表もつくりました。ですが、いざ結婚生活をスタートさせてみると、残業時間の多い彼が家事を担当できないことが多く、結局私の負担が多くなっています。彼は「時間があるほうがやればいい。もっと柔軟に考えようよ」と言いますが、このままずるずると家事すべてを私がすることになりそうで不安です。これで子どもが生まれたらどうなるのか、思いやられます。

小室　確かに決めたルールを簡単に破られてしまうのは困りますよね。この場合、Cさんの夫は早く帰宅できるCさんが家事をやってくれれば効率がいいのに、と思ってしまっているのかもしれません。

駒崎　男性が家事初心者の場合は、もともと慣れていないことを急に任されて、女性が思う以上に心理的な負担が大きいのかもしれませんよ。僕も最初はそうでした。「家事の煩わしさに比べたら、会社に長くいたほうがラク」という「逃げ」も見られるような気がしますね。

小室　「何の家事なら楽しくできる？」と聞いてみて、夫にとって苦手な部分、心理的な負担の大きいところを知ってお互いの担当を見直してみることが必要かも。まずは得意な家事を見つけ、その分野で伸びてもらうとよいのでは。成功体験を積むステップが重要です。

駒崎　男性は「権限」に弱いですから、「手伝う」ものから、すべての権限を握る「担当」になることで途端にやる気を出しますよ。僕は、家事はちょこちょこ手伝っていても少しも面白くないと気づいてから、簡単な家事について「全権担当」にさせてもらっています（笑）。特に成果を上げたのは「食器洗い」。流しに食器を運ぶ作業効率を上げるために、「〝おぼん〟を導入すればいいんだ！」と気づいたときは、それはもう興奮しましたね。「これこそ、トヨタのカイゼンじゃないか！」と。まあ、女性にとっては当たり前のことなんでしょうが……。

小室　そのとき「すごい！」とほめるか、「今頃そんなこと気づいたの？」と言っちゃうかがその後の明暗を分けますから、女性の皆さんは気をつけましょうね（笑）。Cさんの不安の本質は、「家事の負担が増えること」そのものではなく、「自分が働き続けることを夫は真剣に考えてくれているのか」という部分なのでは、と感じます。結婚して間もない今のうちだからこそ、その気持ちをきちんと話してみたほうがいいですね。あとになるほど軌道修正が大変になりますから。

駒崎　そうですね。確かに将来お子さんが生まれたら、夫の家事・育児は必須になります。「夫婦での分担が欠かせない」という共通認識が必要です。

小室　Cさんが夫から見て余裕がありそうに見える、というのであれば、習い事や勉強をはじめてしまうのも一手かもしれません。「今、この資格を取れば給料が上がるんだよ」といった説明をしておけば、「彼女はずっと仕事を続けるつもりなんだ」という意気込みを伝えることにもなると思います。

第2章

時間戦略

ワークとライフの充実は時間の使い方から

小室

「両方」あるからこそ楽しい

ワークライフバランスのコンサルティングをしていると、企業で働く女性からこんな相談を受けることがあります。

「育児しているので、残業ができないんです。もう責任ある立場にはなれないのでしょうか……」「短時間勤務制度を利用したいと思っているのですが、同僚にしわ寄せがいきそうでためらっています……」

私自身、会社を起業する準備のタイミングで自分の妊娠がわかり、「どうしよう」と慌てふためいた経験があります。自分の時間を完全に自由に使ってきた独身時代と違って、結婚、そして出産・育児を経て仕事をしていくためには、二四時間という限られた時間をやりくりして、多くのことを併行してこなすことがカギになります。特に子どもが小さいときには決められた時間までに保育園に迎えに行かなければなりません。

育児と社長業をこなすこの五年間は大変ではありましたが、それでも、振り返ってみれば、起業と出産を同時にしておいたことは本当によかったと思います。出産するまでは自分一人の瞬発力を信じていました。「自分がいちばんよくできる」という過信もあったと思います。子どもができて、本当にどうにもならない状態になって、時間の使い方も仕事をする意識も大きく変わり、人を頼ることができるようになりました。自分自身が時間の制約のある立場になってはじめて困った立場に置かれた人の状況が深く理解できましたし、仕事でも生活でも、日々の実践のなかでアイデアがたくさん生まれてきました。

「仕事と育児の両立」と言うと、どうしても「大変なもの」「苦労してやるもの」というイメージをもたれがちですが、私に限って言えば、**仕事と生活、ワークとライフが一体となっていることは働く上、生きる上での欠かせない条件**です。どちらもがあることで、仕事で生み出すものも、出会える人も、人生の楽しさも、何倍にもなっていることを感じるのです。また、この両立生活を通じて、時間の使い方も飛躍的にうまくなったと感じます。そして、これからの日本社会では、女性に限らず、誰もが限られた時間を効率的に使って成果を上げることが大切になっていることを考え合わせると、結婚と出産は本当に貴重な機会をくれたと感じます。

日本が諸外国に比べて突出して労働時間が長い、ということは以前から指摘されていました（図8）。ところが、生み出される付加価値はその時間に比例して上がっているわけではありません（85ページ、図9）。

四〇年前の日本であれば、人件費は世界最低レベルでしたから、時間をかけて勝負をしてもかけた分だけの製品やサービスができれば、それに比例して利益も伸びました。つまり、四〇年前の日本において、残業はグローバル競争で勝つためのもっとも確実な「戦術」だったとも言えるでしょう。しかし、現在の日本の人件費は世界で最高レベルにあります。時間をかけるだけ費用がかさみ、利益が減っていきます。これから日本が世界の企業と戦っていくための絶対条件は、「短時間」で「高付加価値」のある製品・サービスを生み出していくことなのです。

図8 日本は諸外国に比べて労働時間が長い

1週間当たり労働時間が50時間以上の労働者割合

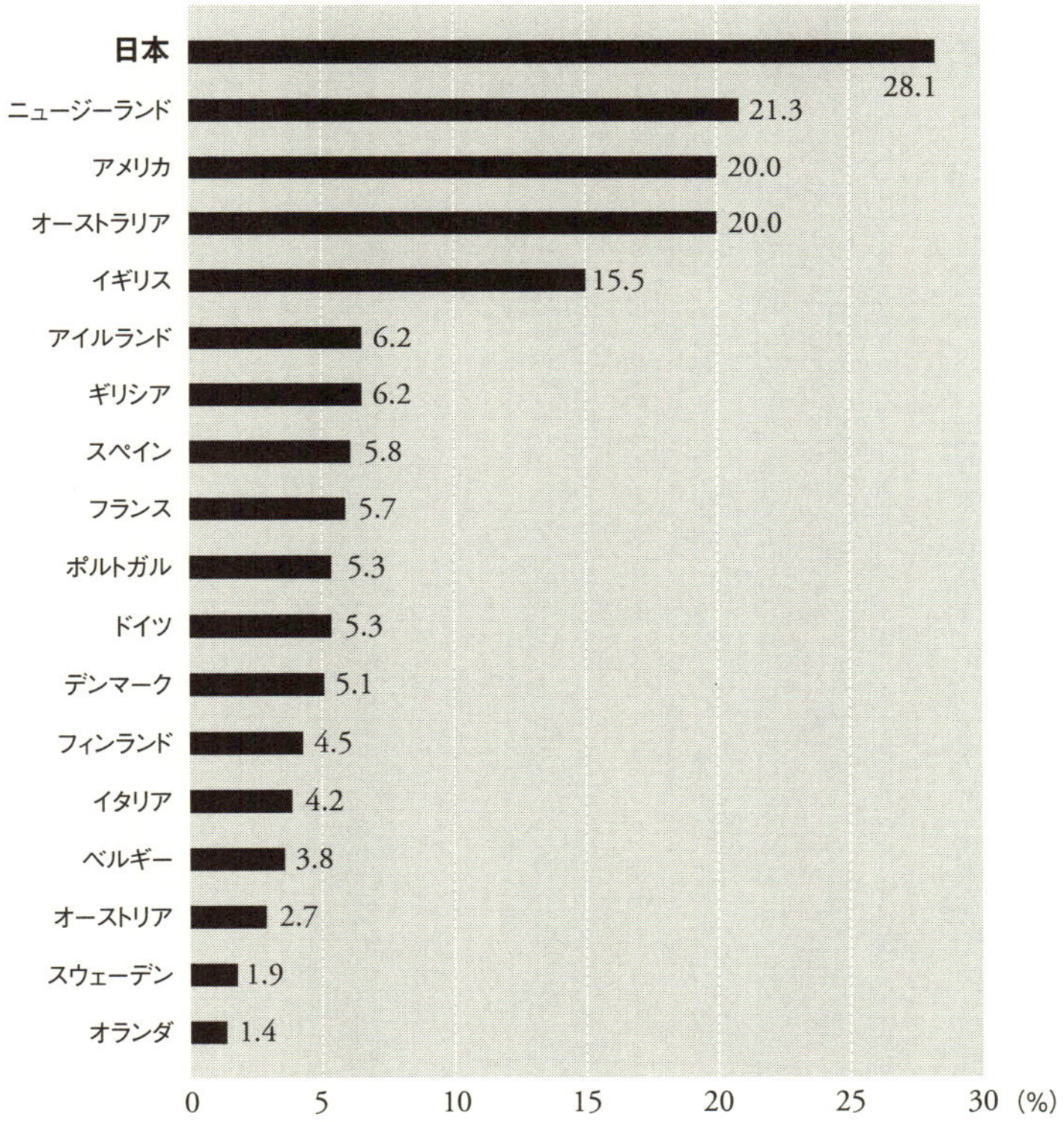

(備　考) 1. ILO"Working Time and Worker's Preferences in Industrialized Countries : Finding the Balance" (2004 年) により作成。
2. 各国のデータは 2000 年のものを使用しているが、アメリカのデータは 1998 年である。
3. 雇用者のうち 1 週間当たり 50 時間以上働いている者の割合である。ただしアメリカと日本については 49 時間以上動いた割合。

※内閣府・国民生活白書「1 週間当たり労働時間が 50 時間以上の労働者割合」(平成 18 年度) より

震災直後に伺ったある企業では、以前はワークライフバランスに懐疑的だったある常務の方が、「今回の計画停電で思い知らされました。私たちはいかに最小の時間と人材で、最大の成果を上げるかという競争をしているんですね」とおっしゃられ、この流れが加速しつつあることを実感しました。

また、日本の少子高齢化は加速度的に進んでいます。二〇〇七年に団塊世代が一斉定年退職をして以降、労働力人口は激減しています。これに対して、海外からの移民受け入れなどの対策がすぐに進むとは考えにくいので、すぐに取り得る手段は、これまで労働力として活用されていなかった層を活かすことでしょう。ここでもっとも期待されているのが、教育水準が高く、生活に密着した顧客視点をもっている女性の活用です。これまで育児や介護との両立が難しく退職せざるを得なかった女性が辞めずに済む環境を提供することが急務になっています。

休業を取得する女性側には、「制度を使うことで周囲にしわ寄せがいくので申し訳ない」という意識をもつ方がまだ多いようですが、「日本社会は時間制約をもつ人材に働いてもらわなければ成り立たない」という知識によって、自分を肩身の狭い思いから解放してあげましょう。これからは育児で休む女性よりも、親の介護を理由に休業する人、特に管理

図9 労働生産性は労働時間に比して上がっていない

OECD加盟国の労働生産性（購買力換算）

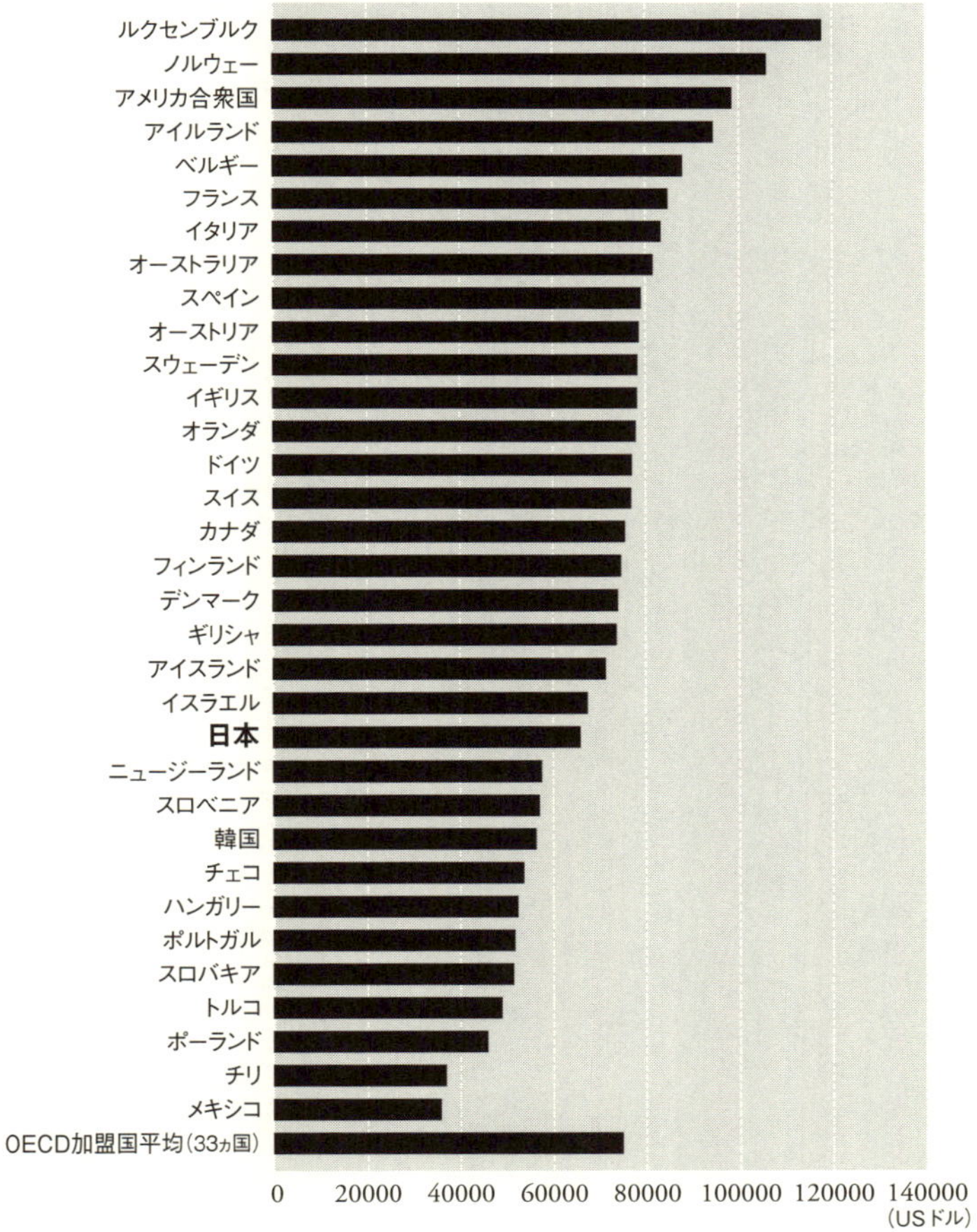

※公益財団法人 日本生産性本部・労働生産性の国際比較（2010年版）より

職以上の男性が増えていくことでしょう。「残業ができないから」といって社員を責任ある立場にしないことなど、できない状況になるのです。

日本社会が短時間で高い付加価値の製品・サービスをつくり出し、労働力人口を確保して成長を続けるためには、**全社員の「働き方の見直し」も必要**になります。前に述べたように、私が代表を務める会社は企業に働き方見直しのコンサルティングをしています。社内でもワークライフバランスが実践できていなければ説得力がないので、社員全員が定時に帰るための働き方、チームワークの生み出し方を考え、実行しています。そんななかで生まれた、職場を巻き込んでできる工夫を少し紹介したいと思います。

「段取り力」と「相談力」を磨く

「残業したくない」と思いながら、なかなか時間通りに仕事が終わらない、という人は、仕事の段取りに問題があるのかもしれません。一度自分の仕事の進め方を見直してみる必要があるでしょう。子どもが生まれて保育園に預けると、毎日お迎えの時間に滑り込めるように会社を飛び出さなくてはならない「デッドライン」ができます。そうなってから仕事のやり方を変えるのは大変ですから、子どものいないうちから、自らにデッドラインを課して仕事をするトレーニングをしておくことが重要です。

まずは、**「段取り力」**を磨きましょう。段取り力の詳細については拙著『人生と仕事の段取り術』（ＰＨＰ研究所）をご参照頂ければと思いますが、ここではすぐに見直せる例を挙げておきたいと思います。上司やクライアントから急に仕事を頼まれた場合、何よりも優先して仕上げてしまおうと思っていませんか？　相手は早めに仕事を仕上げたことに感謝してくれるかもしれませんが、それは本当に求められていることでしょうか？「明日まで」と連絡を受けたら「明日の何時まで仕上げればよいでしょうか？」と確認することで、すぐに取りかかるべき仕事なのか明日になってから着手しても間に合うのかを調節することができます。また、納期の確認と合わせて、併行している仕事があればどちらを優先するのかを確認します。つまり、段取り力をつけることはコミュニケーション能力をつけることでもあるのです。段取り力をつけていくと仕事の見通しを立て、全体的な流れを予想しながら仕事を配分して、時間を有効に使えるようになります。

次に高めたいのは**「相談力」**です。

組織で働いている以上、急に仕事を振られたり突発的な事態に対応したりしなくてはならないこともよくあるでしょう。優秀な女性のなかには、「職場では子育てなどの私的な事情についてなるべく表に出さない」「急に仕事を振られても、涼しい顔をしてこなすことが仕事人としてのマナー」と思っている人が多いと思います。「女性は育児を理由にすぐ休む」「仕事の優先順位が低い」といった職場の厳しい視線を感じて、余計にそうなるのかもしれません。

しかし、「育児経験のない上司に何を言ってもわからない」「結婚していない先輩には言えない」と考え、大変さを一人で抱え込み過ぎてはいないでしょうか？　ここでは、思い切って話して周りを巻き込むことで、職場全体にとっての解決策になることもあります。

前述のとおり、今後は男性も両親や配偶者の介護に直面するなど、「時間制約をもって働くこと」は「ふつうのこと」「誰もがしなくてはならないこと」になってきます。時間制約があることは、いまや一握りの特殊な人の話ではないのです。今後を見据え、積極的に事情を共有しながらその先駆けやテストケースになることには、組織と会社から見ても意義のあることです。意外な人から「実は、僕も家族の介護をしていて……」といった事情を明かされたり、理解し合える状況が出てきたりすることもあるでしょう。

ある企業では、部長職の男性が家族の介護に直面して仕事を辞めようとしていました。それが、同じ部門で短時間勤務をしていた女性部下の働きかけで仕事のやり方を見直した結果、部門全体の働き方が飛躍的に効率的になり、全員の残業が激減しました。結果、部長も仕事を辞めずに済み、現在も同じ立場のまま介護をしながら一七時までの勤務できちんと成果を上げています。

こうした「社会が必要としている働き方」といった大局的な視点も踏まえ、自ら発信して「相談力」で周りを巻き込み、働き方を見直す気運をつくり出しましょう。

「まとめ&確認時間」を確保する

効率的な仕事をする場合の「落とし穴」となるのがスケジュールの組み方です。時間を節約しようとするあまり、アポイントメントを可能な限り入れ込もうとしていませんか?

これは、私が前職で営業をしているときに気づいたことです。たくさんの商談をこなそうと次々に得意先回りをしていたら、すべてを終えてオフィスに戻ったころには、一件目の商談内容の記憶がおぼろげになってしまっていました。そうした状態で一件目のクライアントに対して提案資料をつくっても、相手の要望のポイントがもれていたりするので商談はなかなか成立しません。結果を見れば、アポを詰め込み過ぎることで成果が落ちてしまったのです。

そこで、一日四件入れていた商談を三件に減らし、さらに商談と商談のあいだに三〇分程度の時間を取ることにしました。この時間を使ってやることは**「終わった打ち合わせのまとめ」**と**「次の打ち合わせの確認」**の二つです。

「終わった打ち合わせのまとめ」については、記憶が新しいうちに相手の話や資料提出の期日とその理由など、話をしているときにはメモし切れなかったことを書き出しておきます。必要な資料のイメージが浮かべば、そのビジュアルもメモしておくことであとからの作業がさらにスムーズになります。メモが終わればすぐに上司への報告・相談をメールし、必要になりそうな資料やデータの所在確認もします。すべての商談を終えてオフィスに戻ってから作業をはじめると、上司や関連部署のメンバーがつかまらなかったり、該当データが見つからなかったりと、時間ばかりかかってしまいます。直後にまとめることで素早く上司への報告ができますし、相手先とも共有することで課題認識やスケジュール確認などもできます。どんな仕事でも必要なのは「信頼されること」。そのために「早いまとめ」の時間を確保することが欠かせないのです。

二〇分ほどで「まとめ」が終わったら、一〇分ほどを「次の打ち合わせの確認」の時間にします。次の訪問先でどのような戦略で商談を進めるのかをイメージし、絶対に忘れてはならないこと、伝えなくてはならないこと、導きたい結論をメモに書き出し、限られた時間を有効に使って、予め考えた結論に辿りつけるよう準備をするのです。

この一手間をかけずに無防備に客先に「こんにちは」と入っていってしまうと、相手の雑談に延々と付き合わせられた挙句に重要な論点を伝え忘れてまた訪問しなくてはならない、といったことになってしまいます。この一〇分の確認時間が重要なのです。

こうした、一日のスケジュールの立て方から見直したい、という人はぜひ「働き方チェンジナビ」（237ページ参照）を使ってみて下さい。

また、素早く的確な仕事をするためには**「課題・解決・未来」**を考えることがコツです。「相手の課題は何なのか？」ということを捉えて仕事をすることを意識します。どうしても真ん中の「解決」だけに目が向きがちですが、資料一枚をつくるのでも、これをセットで意識しておくことは有効です。

企画書にせよ報告書にせよ、相手から「どういう意味？」と聞かれてしまうときは、「なぜこの企画が必要なのか」「何のためかの報告か」という原点、つまり「課題」がはっきりしていないことが多いのです。課題をはっきりさせた上で、「その解決策が○○です」「そして、解決策を実行するとこんな未来になります」と三つの要素を筋道立てて説明することで、すっきりとわかりやすくなります。

企画書を書きはじめる前に、まず「課題→解決→未来」の骨子を書いてみましょう。口頭で説明する場合も同じです。「○○の問題が話題になった→こんな解決策を考えた→実行すればこうなる」と、三つの要素に分けて報告すると、資料や文書がなくてもわかりやすくなります。自分では「課題」がわからない場合でも、上司であればわかるはず。営業であれば、課題をいちばん知っているのはお客様なので、きちんとヒアリングをします。こうした「課題」を確認する作業をして、最後に「どういう状態になるのか」という、よりよい「未来」までを入れ込んだ企画・提案をすることで、確実に効率が上がるはずです。

「自分しかできない」をつくらない

誰しも「この仕事は自分にしかできない」という誇りをもって仕事をしたいものでしょ

う。ただ、それが行き過ぎると、自分が出張に行ったり休んだりしたときに仕事が回らない、という事態を引き起こします。ましてや育児休業から復帰したての頃などは、一週間に何回も保育園から「お子さんが熱を出しました」といった電話がかかってきて早退せざるを得ない、といった事態も考えられます。もしくは突然親が倒れ、長期で休業することになるかもしれません。いつ自分が休んでも、最低限のことがきちんと回るように、ふだんから知見を共有することがこれからの責任ある仕事のやり方です。そのために、まずは自分の仕事を「見える化」することです。簡単なことからはじめてみましょう。

- **机の上・引き出しのなかを整理**
- **書類をわかりやすくファイリング、電子化**
- **社内パソコンのファイル・フォルダを整理**
- **定型的な業務をマニュアル化**
- **外部とのメールに社内メンバーをＣＣで入れる**
- **名刺をスキャニングしてデータを共有化**

こうしたことをふだんからしておくことで、いざ休まなくてはならないときに、ほかのメンバーに負担をかけずに済みます。できればチームや部署で共通のルールをつくり、ファイルやフォルダの管理ができるとよいでしょう。

ただし、こういった取り組みはその職場ごとに適した方法が違います。一律に雑誌などで見たやり方をメンバーに押し付けるのでは効果は見込めません。**大事なのは、ほかのメンバーを巻き込むこと**です。たとえば、定例会議などのタイミングにあわせ、三〇分程度の時間をとってもらいます。そこで「今職場でやり方を効率化できると思うことを付箋に一〇分で一〇個書き出してみませんか？」と問題提起をして、集まったアイデアをホワイトボードに貼り、効果が高そうなものから三つを選んで担当を決め、次回の定例会議で実施方法を決定する、というように継続的に取り組むしくみをつくりましょう。こうした手順を踏むことで皆の協力が得られやすくなるはずです。

優先順位をはっきりさせた「出張」

小さな子どもを育てながらの出張対応は頭が痛い問題です。パートナーと分担したり両親の力を借りたり、一時保育サービスやベビーシッターなどのサービスを利用したりしてしのいでいる方も多いでしょう。私も、日本全国に年一〇〇回程度は出張しています。私の場合、コンサル先との打ち合わせや講演など、地方での仕事は避けられない部分です。

出張が増え出した前職の頃は、まだ子どもがいなかったこともあり、「たまの出張だからのんびりしよう」と前日からホテルに泊まり、その地の友人と会食したりしていました。ところが、もともとのどが弱い私はホテルの乾燥した部屋でのどを痛めてしまい、翌日の大事な仕事で声が出ず、挙句の果てには風邪をひいてしまう、といったことがしばしばありました。さらに宿泊となると、着替えに化粧道具と荷物も一気に大掛かりになります。体調を崩し、大荷物を抱えてぐったり帰ることが続き、私ははたと考えました。

「出張だから宿泊が前提だと思っていたけれど、実は日帰りでもよいのでは？」

そう考えると、日本国内であれば、ほとんどの場所が日帰りできることがわかりました。講演や会議の予定は前々から決まることが多いので、打診を受けた時点で「一四時からのご依頼ですが、一三時にずらすことは可能ですか？」と申し出れば、対応頂ける場合が多いこともわかりました。観光などにお誘い頂くことも多いのですが、パンフレットだけもらっておいて、後日、家族旅行で改めて訪れるようにしています。「講演後に会食を」というお申し出には、「講演前にランチではいかがでしょうか？」とお願いします。

この「基本日帰り出張」方針にしてからは、北海道でも九州でも、バッグ一つで気軽に行けるようになりました（先日は沖縄まで日帰りして、さすがに周囲から「やり過ぎ！」と言われましたが……）。

「日帰り出張」はほかにも利点があります。大きなところでは、子どもといる時間を確保できること。大阪や福岡への出張であれば、朝、保育園に行く子どもを見送ってから移動し、仕事をこなして帰ってきても一八時の保育園のお迎えに間に合います。夜一緒に寝たり、起きた瞬間に私がいたりすることで子どもも落ち着くようです。一日で遠距離を往復しますから疲れることは事実ですが、ゆっくり自宅の風呂に入って自分のベッドで眠ることで驚くほど疲れがとれるのです。また、出張の移動時間は一人で集中する作業にちょうどよく、原稿執筆や資料作成が進みます。宿泊費や滞在費が減るので会社の経営にもよいことがわかりました。

この「基本日帰り出張」は、あくまで私が自分の快適さを考えた結果のスタイルであり、どなたにでもお薦めしたいわけではありません。「たまの出張なんだから、家事や育児から離れてリフレッシュしたい……」という方もいるでしょうし、もちろん、それもとても有効な出張の使い方だと思います。宿泊先でおいしいものを食べたり、ふだんは行けないマッサージやスパなどでゆっくり骨休めしたりするのもよいでしょう。

ここで大事なことは、「そもそもこの出張は本当に必要なのか」「何のために出張に行くのか」をよく考えることではないでしょうか。

保守的な体質の会社では、視察や会議出席などの出張が半ば習慣化していることもあります。でも、これだけＩＴが発達している現在において、「本当に顔を合わせなければできないこと」というのはずいぶんと減ってきているはずです。電話やメール、もしくはテレビ会議で代替することはできないのか、もう一度検討してみましょう。そして、本当に必要な出張なのであれば、事前に相手と十分な情報交換をしておき、スムーズな移動と密度の濃い業務ができるように工夫します。

そして**「自分のなかでの優先順位」**をはっきりさせましょう。私の場合、「仕事で成果を出し、子どもと一緒にいる時間を少しでも長くとる」ことが優先順位のいちばんです。そのために出張時間をどう使うかを日々考えています。受身で時間を過ごすのではなく、能動的に自分にとってもっとも大事なことは何かを考え、そこから逆算して効果的な時間の使い方をする。これが出張時だけではなく、すべての場面で大切なことだと思います。

パートナーの仲間と仲よくなる

結婚すれば時間管理は自分だけの問題ではなくなってきます。特に子どもをもてば、パートナーの時間の使い方が自分にも大きくかかわってきます。女性が結婚、出産といったライフステージで大きく働き方を変える、もしくは変えざるを得ないのに比べ、男性は一〇〇%自分のために時間を使える、という独身時代の働き方からなかなか抜け出すことができません。

私の夫も、結婚してからも深夜残業続きの働き方をしていました。国家公務員の夫の職場は帰宅時間が深夜に及んだり、職場に泊まりこんだりすることも珍しくない環境です。結婚後、夫婦二人だけのあいだはまだしも、子どもが生まれたあとには、夫がこうした働き方を続けていると、育児も家事も家に多くいる私がやることになり、限界にきてしまうということがわかりました。

とはいえ、私も彼一人が働き方を変えることは大変だ、ということはよくわかっていました。残業は当然という組織風土、仕事をこなせばこなすだけ新たな仕事が振ってくるマネジメント態勢、そして仕事が属人化してほかのメンバーに任せられない状況……、それぞれの職場で残業が発生する要因は数多くあります。なかなか一人の力で変えられない要因も多いことでしょう。

ここで最初に大切になってくるのが、職場のメンバー同士の関係の構築です。メンバーがお互いの家庭環境を知り、お互いの家庭の事情を理解し合って協力する関係をつくることが第一歩です。そして、この段階においては、**パートナーが果たせる役割も大きい**はずだと思っています。

私の場合、休日にバーベキューを開催し、そこに夫の職場の後輩を誘ってみました。妻である私や子どものことを知ってもらうことが、夫と後輩との関係づくりに役立つのでは、と考えたからです。以来、仲良くなった後輩が付き合っている彼女を連れて来たり、結婚する後輩が増えたりしはじめました。それまで見えていなかったお互いの家族の存在を認識し、皆が「職場にワークライフバランスが必要だ」と考えはじめ、働き方を変える土壌づくりができてきたのです。

私も会社のメンバーに自分の家族を紹介していますし、メンバーの配偶者や子どもたち、ご両親、付き合っているパートナーなどにも機会あるごとに挨拶をしています。好奇心からというわけではなく、彼ら彼女らを雇用する立場の者として、これは大事な仕事の一部だと考えているからです。仕事と生活は切り離せるものではなく、家庭の状況は働き方に直結します。お互いを家庭の事情を含めてよく知ることで、お互いの事情に配慮し合って協力したり分担したり、という仕事の基本がスムーズにいくようになります。

「パートナーが残業三昧で心配」という方は、ぜひこうした休日のイベントを使ってパートナーの上司や部下、同僚と関係づくりをしてみてください。家庭の事情がわかった仲間が職場にいれば、忙しいときにも思いやりが生まれ、結果としてコミュニケーションのとれた、効率のよい組織になっていくはずです。

一分でも三分でもコミュニケーション

共働き夫婦はみな多忙です。仕事や家事で手一杯なのにそこに育児も加われば、毎日を乗り切るだけで精一杯！　となるのは必然です。「夫婦のコミュニケーションが大事なのはわかっているけれど、こんなに忙しいのに話す時間なんてとれません！」という声もよく聞きますし、それももっともなことだと思います。

現在、私はコーチングを勉強しており、自分にもコーチをつけています。そのコーチから頂いた『3分間コーチ』（伊藤守／ディスカヴァー・トゥエンティワン）という本には「コーチングは三分でできる」とありました。そこから、**コミュニケーションはちょっとした工夫でとれる**ものだと気づいたのです。メールや電話、SNSなどのツールをフル活用するのはもちろんですが、家族のコミュニケーションは効率が第一ではありません。顔を合わせてお互いの調子を感じながら会話を交わす時間も工夫次第で確保することができるはずです。恥ずかしながら、私が自宅でしていることをまとめてみました。

▪夜お茶タイム

私たち夫婦の場合、子どもを寝かせたあとに二人で「お茶タイム」を設けています。私はお酒をほとんど飲めないので、カフェインを含まないハーブティーなどを入れて、一息つく時間です。時間にすれば四〇分ほどでしょうか。子どもの話題はもちろんですが、ほかにも今日職場であったこと、今勉強していること、抱えている課題などを報告し合ったり、相手から参考になる話を聞いたりしています。

■しっかり見送り

どの家庭でも朝は戦場でしょう。朝食を整え、子どもの世話をし、自分の身支度をして家を飛び出す。先に出勤するパートナーの顔を見る余裕もなく、「いってらっしゃい」の声だけで見送り……。私も以前はそうでした。でも、あるときから、このやり方を意識的に変えてみました。夫と子どもが家を出て行くタイミングはだいたい私の化粧の仕上げタイム。でも、化粧の手をいったん止め、玄関まで出て、ちゃんと二人の顔を見て「行ってらっしゃい。気をつけてね。今日も頑張って」と言うようにしたのです。玄関で息子とハグとハイタッチもします。目を見て「行ってらっしゃい」を言う。この「しっかり見送り」は一分も使わずにできるコミュニケーションです。

私は実はとても人見知りで、相手の目を見ることがとても苦手です。あるとき、部下から「ちゃんと話を聞いてもらっている感じがしない」と言われたことがありました。その原因を考えているうちに、「目を見て聞いていないからだ」と気づいたのです。それからは、意識的に相手の目を見ることを心がけています。実際にやってみると、これだけで受ける印象はまったく変わることがわかると思います。

■朝バスタイム

幼い子どもがいるので夫婦が話す時間を取りにくい、という人にお薦めなのが、朝に家族みんなで一緒にお風呂に入る、という「朝バスタイム」です。私のうちでは、週末も含め、毎日起きてすぐに家族全員でお風呂に入っています。風呂では新聞もパソコンもケータイもありませんから、そうしたものに邪魔されずにゆっくりと話をすることができます。もちろん夜でもよいのですが、どちらかが仕事で遅くなることも多いでしょうし、朝お風呂に入ることですっきりして朝食をおいしく食べることができます。生活時間帯が異なってすれ違いがちなカップルにもお薦めしたい方法です。

■ウイークデーランチ

共働き夫婦のコミュニケーションとしてもう一つお薦めなのが、平日に夫婦が一緒にランチをとることです。勤務地が近いカップルでなければ難しいのですが、どちらかが外出する機会を利用することもよいでしょう。ふだんの家庭とはちょっと違う仕事中の相手の姿を見ることで、新鮮な会話を交わすことができます。男性は「妻と二人でいるところを会社の人に見られたら恥ずかしい」と思うことが多いようですが、そこはちょっと離れたレストランを使ったり、出先で待ち合わせをしたりすればよいでしょう。意識的にお互いを違う角度から眺めることで、新しい発見があります。

「ポイント表」で家事分担を楽しむ

結婚するときには「家事はちゃんと分担しようね」と言っていたのに、いつのまにか約束はあやふや、私ばかり負担が大きくなって……、という悩みを女性からよく聞きます。

男性がそれなりにやっているつもりでも、女性の不満がたまってしまう理由は、「家事を分担し切っていない」ということにありそうです。家事を分担するときに、食事づくり、洗濯、掃除などの「大きな＝派手な家事」だけを集めて分担していませんか？　まずは、家のなかの家事を「すべて」洗い出すことからはじめましょう。ふだんやっていることをきちんとリストアップしてみると、アイロンがけ、ゴミ捨て、トイレ掃除、洗濯物たたみ、新聞紙の片づけ、植物の水やり、網戸の拭き掃除、靴磨きなどなど、たくさんの「地味な家事」があることがわかります。これらの表に出てきにくい家事は気づいた人（多くの場合は妻）がやることが多く、結果として片方の負担感ばかりが増え、もう片方はそれに気づかない、という状況が起こるのです。そうした不公平を解消するために、まずは「すべての家事」を書き出します。

すべてを書き出したら、いざ分担を決めるのですが、ここで大切なのは「時間がかかる・かからない」とともに、「得意・苦手」を意識して分担することです。公平さを重視して時間だけから分担しても、苦手意識の強い家事は心理的な負担が大きくなり、結果としてなおざりにされがちです。

ここで、お薦めしたい方法が**「家事ポイント表」**（１０８ページ参照）です。書き出した家事にそれぞれポイントをつけ、一回やるごとに設定されたポイントを獲得、一週間や一カ月単位などでポイント獲得数が同じになるように分担するのです。まずは今の状況を確認してから、目標として見直した分担を設定するとよいでしょう。おおまかな内容は以下のようなものです。

- **「時間がかかる家事」のポイントを高く設定**
- **「時間がかからない家事」でも夫婦ともに「苦手な家事」であればポイントを高く設定**
- **「派手な家事」は細分化……食事であれば「朝食」「夕食」、掃除であれば「リビング」**

「寝室」「玄関」などに分けてポイントを設定

このポイント表は、私の会社で行っている夫婦や個人向けのワークライフバランス講座「ワークライフバランススクール」で「家事の分担」についての質問が多かったことからご紹介したものです。好評だったので、今では夫婦向けの講座では必ず取り上げています。

講座に参加してくださったあるご夫婦の場合、夫は「僕は家事をやっているほうだ」と自信満々でしたが、いざポイントをつけてみると妻と夫の分担比率が八：一になり、愕然とされていました。別のご夫婦は、このポイント制を知ったあと、夫婦どちらもが苦手とする「排水口のゴミ取り」にかなり高いポイントをつけたところ、争うようにゴミを取るようになった、と笑っていらっしゃいました。

料理や掃除などの「派手な家事」も、細分化しておくことで負担が小さくなり、取り掛かりやすくなります。私も夫に「朝食づくり」だけを担当してもらったところ、料理が苦手だったはずの夫がめきめきと腕を上げ、当初は二時間かかってご飯と味噌汁をつくっていたのが、今では三〇分でご飯と味噌汁、魚料理ともう一品までをささっとつくれるようになりました。

ポイント表のよいところは「義務」**になりがちな家事を、楽しくゲーム感覚で**やるものに変えてくれるところです。できたことをほめ、少し相手がさぼったり上手にできなかったりしても責めないこと。とはいえ、なあなあにならないよう、ポイント表を基にして「やらなかった分のポイントを蓄積して年末に換金」「たまったポイント比でクリスマスプレゼントを贈り合う」など、二人に合った「特典」も考えて、楽しみながら続けてください。

Tips2　家事ポイント表

		ポイント（1回）	回数（週）	たつや		さとみ	
				回	ポイント	回	ポイント
食事関係	朝食の準備	5	7	5	25	2	10
	食器洗い	3	7	5	15	2	6
	夕食の準備	7	7	2	14	5	35
	食器洗い	5	7				
洗濯関係	洗濯・干す	5	3				
	洗濯取り入れと整頓	5	3				
	アイロンがけ	5	1				
買い物	買い物	4	2				
	生協注文	4	1				
掃除関係	リビングの掃除	4	2				
	玄関の掃除	2	2				
	洗面台の掃除	3	3				
	お風呂の掃除	3	7				
	トイレの掃除	4	3				
	植木の水やり	1	2				
	ゴミ捨て（生ゴミ）	2	2				
	ゴミ捨て（不燃物）	1	1				
子ども関係	保育園の送り	3	5				
	保育園の迎え	5	5				
	子どもの入浴	3	7				
特別枠	排水口のゴミ取り	7	3				
	キッチン 流しの三角コーナー、排水掃除	6	5				
	寝具（シーツ、布団カバー、枕カバー）交換	7	1				
	⋮	⋮	⋮	⋮	⋮	⋮	⋮
合計					150		150

Tips3　家事をサポートする便利グッズ

共働き夫婦にとって便利な家電やグッズは強い味方です。家電を上手に使いこなして家事の時間を短縮すれば、日々の暮らしにゆとりが出ます。出費には抵抗があるかもしれませんが、家電は時間を有効に使うための「投資」と考えることもできるはずです。

・乾燥機付き洗濯機

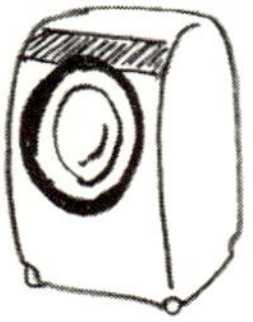

花粉の時期や天候を気にせずに済みます。ただ乾燥機は使い方によってはシワがよりやすく、洋服の素材によってはアイロンがけが増えてしまう恐れもあるので、そういうものは完全に乾く前に取り出すとよいようです。

・食器洗い乾燥機

電源や設置できる場所の確認が必要ですが、最近はコンパクトなものが増え、価格も手頃になっています。熱湯で洗浄し乾燥しますので、衛生的なのも魅力です。子どもが生まれるなど家族が増えるとより活躍します。

・コードレス掃除機（マキタなど）

充電式で使う掃除機です。業務用メーカーのものはパワーがあり、細かいところや階段の掃除に便利です。

・シリコン調理器（ルクエなど）

材料に下味をつけてケースに入れ、電子レンジで 5～10 分で料理ができます。これひとつで 20 分程度で夕食をつくることも。ガスレンジがふさがっているときにも使えるのが便利です。

・真空保温調理器（シャトルシェフなど）

鍋に材料を入れ、一度火にかけたあとおいておくだけの調理器です。夜寝ているあいだや仕事に行っているあいだに煮込み料理ができます。

・食材宅配サービス／ネットスーパー（らでっしゅぼーやなど）

買い物に行く手間が省け、計画的に献立を立てることができます。

Tips4　合理的な片付け方法

・モノの定位置を決める

それぞれのモノに定位置を決めます。決めるときには家族全員でやりましょう。そもそも片付ける場所を知らなかったり、なぜそこにしまうのかを理解していなかったりすると、置き場所として認識されず、収納の機能がなくなります。決めたあとに分類を忘れないよう、ラベルを貼ることも有効です。

・床にモノを置かない

掃除機やほうきをかけるためには、床にモノがないことが大前提。床に本などをおいている家庭は、まずそれらの置き場所をつくるか捨てるかをしなくてはなりません。どうしても床に置かなければならない場合は、カゴなどを用意してすぐに動かせるようにします。

・清掃用具はすぐ出せるところに

吸引力があって高価な掃除機、でもとても重くて二階まで持っていくのが大変……、これでは意味がありません。こうした場合ならば性能を多少犠牲にしても、軽くて持ち運びのしやすい掃除機を選んだほうがいいでしょう。掃除を日々の生活に溶けこませておけば、大掃除をしなくても済むようになります。

・「適正在庫」をチェックする

それぞれのモノの置き場が決まれば、予備を置くスペースも確保できます。調味料やシャンプーなどの生活用品はいったん切れると慌てて買いに走るハメに。定期的に在庫スペースをチェックすることで時間を節約でき、買い忘れや買い過ぎによるムダもなくせます。

・プロにも頼む

高い位置にある窓掃除や水回りなど、自分ではやりきれない家事もあります。年に数回、プロの掃除サービスに依頼してそうした家事を一気にやってもらうのもいいでしょう。細やかな女性によるサービス、力のある男性によるサービスなど種類があるので、自分に合ったものを探してみるといいと思います。

・ホームパーティを開く

これは多くの人がやっている方法だと思いますが、「人を招く」ことで強制的に片付けに期限をつけます。できれば、数カ月に一度のホームパーティで大掃除をするのではなく、しばしば人を招いてみましょう。「いつでも人が招ける家」を目指すことで、掃除の効率化がはかられるはずです。

コラム　**夫に転勤辞令が出た！**

Mさん：（三五歳・金融・女性）

結婚生活二年目、別の会社で働いている夫に転勤の辞令が出ました。飛行機で移動するような遠隔地です。私は職場で責任ある立場になったばかり、夫は単身赴任も検討していますが、赴任が何年になるかもわかりません。家族が離れ離れになってもこのまま働き続けるべきか、仕事を辞めてついていくべきか、悩んでいます。

小室　女性の退職理由で多いのが「夫の転勤」。Mさんのように仕事と家庭の二者選択を迫られてしまうんですね。

駒崎　うーん、もったいない話ですね。でも、会社の命令で全国を異動させられるような転勤の形態はこれから少なくなっていくんじゃないですか？

小室　そうですね。これまで、企業は転勤を理由にして多くの優秀な社員を失ってきたので、最近では現地採用に舵を切っていますし、社員をパートナーの転勤先に一緒に異動させたり、退職後に再雇用したりする制度を設けるところもありますね。

駒崎　転勤に合わせてライフスタイルを変えなくてはならない、という価値観そのものを考え直すべき時期なんでしょうね。

小室　私の知り合いの場合、転勤になった夫についていくために妻が退職したものの、その二年後には夫が元の勤務地に戻ることになって、妻は退職をとても悔やんだそうです。Mさんも、まずは「妻が夫の赴任先についていかなければならない」という思い込みは捨てましょう。私も結婚して一カ月で夫が留学し、二年間の「遠距離婚」のあいだは一年間に三回しか会えない生活でした。でも、次に会う計画を立てることがとても楽しかったですし、ネットもケータイもスカイプもある今は、コミュニケーションにもさほど困らないはず。長い目で見れば、夫婦として過ごす時間は何十年もありますし、転勤で離れ離れになるのは限られた時間かもしれません。そのためにどちらかが自分のキャリアを捨てる、というのはもったいないように感じます。Mさんは「辞めるか辞めないか」という選択だけではなく、同じ勤務地に転勤できないかを会社に打診する、夫の転勤先に今よりもやりたい仕事はないかを探す、など多面的に考えてみて下さい。

長時間働かなくても成果は出せる

駒崎

「忙しいのが偉い」の大間違い

「働きまくってこんなに忙しいオレ、超カッコイイ！」

社内を駆けまわり、電話をかけまくり、部下に指示を出しまくる。「ああ、オレってデキるオトコ……」、そんなふうに浸っている方、結構多いと思います。

その気持ちはとてもよくわかりますし、僕もそういう気持ちにならないかと言われれば、正直しょっちゅう浸っています……。でも、僕たちの忙しさへの陶酔は、ときとしてハタ迷惑な自己満足だったりすることがあるのではないでしょうか。

結婚・育児はそんな「忙しくて恍惚状態」というマインドでは乗り越えられません。小室さんの言うように、段取り勝負であり、余裕をつくらないとどこかで破綻してしまいます。独身の方であっても、そうした「常に一二〇％フルスロットル状態」の働き方のままでは、年を重ねるにつれて成果を出すことが難しくなっていくでしょうし、「僕は自分の生活も大切にしたいんです」という後輩や部下はついてこなくなるでしょう。それでは、組織のリーダーにはなれません。

共働きを続けるためには、まずは働き方を見直すことです。「家に帰るのが毎日二二時以降」というのでは、パートナーと話す時間も子どもと関わる時間もとれません。

僕自身もワーカホリック的な長時間労働をしていた時期があります。しかし、これでは立ちゆかないと大きくマインドとやり方を変え、ベンチャーながらメンバーも僕も一八時には帰れるような経営を目指してきました（このあたりの経緯については拙著『働き方革命（筑摩書房）』をご覧ください）。

長時間労働から抜け出すために見直すべきことはたくさんありますが、ほんの触りだけをご紹介します。

キャパシティを把握する

自分ができる仕事の量を、「キャパシティ」と呼びます。キャパシティは時間とある程度までは比例するので、皆さんは「自分の勤務時間＝キャパシティ」だとざっくり考えがちです。しかし、「今日のうちにやろう」というようなざっくり感をもって仕事をすると、まず見誤ります。なぜなら、一日八時間なら八時間、すべての時間をやるべきことに使うことはできませんし、使えたとしても、集中力がなければせっかく時間も宝の持ち腐れです。たとえば、ある企画書をつくらないといけないとき、持ち時間が三時間あっても最初の一時間は気が乗らず、結局最後の一時間で片付ける、というような経験は誰しもあるでしょう。このように、キャパシティを把握するのは簡単なようでなかなか難しいことなのです。

そんなときに僕がやっている、**「時間割把握法」**（ネーミングは僕が勝手につけました）を簡単に紹介します。

まず、人間の集中力の限界はおおむね一時間半（九〇分）です。これを一コマとします。九時〜一八時で働いている人ならば、午前中（九時〜一二時）には一時限目と二時限目で二コマあります。一二時～一三時はお昼休み。そして一三時～一八時までは三時限～五時限目まで入ります。一七時半～一八時までが空いていますが、これはバッファ（緩衝材）として、予定が狂ったりずれ込んだりしたときの「あそび」の役割にします（１２０ページ参照）。

さて、このように分けると、学校でもお馴染なかたちで「マイ時間割」が浮かび上がってきます。一時限目は客先の訪問リストを作成、二時限目は客先のアポ、三時限目は社内ミーティング、四時限目はテレアポ、五時限目は溜まっている報告書の作成、などなど。

もちろん時間は多少前後しますので、目安でよいのですが、時間割に沿って組み立てます。そうすると、自分は一日五コマしかない、ということを強く認識できます。一週間では二五コマ、一カ月では一〇〇コマです。これで自分のキャパシティを「見える化」できます。

キャパシティをコントロールする

右記のやり方でなくてもよいのですが、自分のキャパシティを見える化し、把握できたら、それをコントロールします。

たとえば、僕は一日五コマしかないので、大まかに五つのイベントしか入れ込めません。さらに、五つのコマのうち、会議と事務処理のバランスを考えると、五つのうち会議を四つ以上入れると事務処理が追い付かず、メールの返信が遅れたり、企画書に手がつけられなかったりします。

ですので、一日五コマのうち、会議や人と会うのは三コマまで、と決めています。残りの二コマに、一コマ目はメール処理と決裁関係処理、二コマ目は予算書作成などとタスクを振り分けて、自分の社内スケジュールソフトに予定として入れ込んでしまいます。そうすると、部下たちから予定を入れられる心配もなくなり、事務の仕事時間も確保できるようになります。

そうは言っても、もちろん急な仕事が入って予定通り進まない、ということもあります。予定は常に不確実性をはらみますので、二日に一回は一コマをバッファとしてあえて置いておく、というような工夫は必要になってきます。

こうやってキャパシティをコントロールしていくと、過剰に仕事を入れ込んでテンパることがなくなります。

残業しないで「前業」しよう

しかし、納期の前などにはどうしても繁忙の嵐が襲ってくる、ということはあるでしょう。そうしたときのために、僕が推奨したいのは「**前業**」です。

先ほどの時間割でたとえると、ふつうは一八時～一九時半（六時限目）、一九時半～二一時（七時限目）と「残業」をしてキャパシティを増やしていきがちです。

しかし、六時限目や七時限目は、心身ともに疲れ果てており、まともに頭が動きません。もしこれが高校の授業だったら、確実にうつぶせで寝ている状態です。つまり、一コマで通常の半分～三分の一くらいの仕事しかできないので、効率がよいとは言えません。

そこで、九時前に「ゼロ時限目」を入れ込みます。人によりますが、僕は朝の五時半ちょっと前に起きて、五時半～七時に仕事をします。このゼロ時限目は電話もメールも来ない静寂のなか、しかも出勤時間のタイムリミットをもって仕事を行えるので、一時間半の密度は相当高くなります。しかも一時限目の時間には既にギアが入っており、ハイテン

Tips5　時間割把握法

通常時

9:00〜10:30	10:30〜12:00	12:00〜13:00	13:00〜14:30	14:30〜16:00	16:00〜17:30	17:30〜18:00
1時限目	2時限目	お昼休み	3時限目	4時限目	5時限目	バッファタイム
訪問リスト作成	アポ		社内ミーティング	テレアポ	報告書作成	

忙しいとき

5:30〜7:00		9:00〜10:30	10:30〜12:00	12:00〜13:00	13:00〜14:30	14:30〜16:00	16:00〜17:30	17:30〜18:00	
ゼロ時限目	通勤等	1時限目	2時限目	お昼休み	3時限目	4時限目	5時限目	バッファタイム	6時限目以降は入れない！
集中タイム		通常業務	通常業務		通常業務	通常業務	通常業務		

ションで仕事ができるようになっている、というおまけも付いてきます。

ただし、「前業」はふつうのビジネスパーソンにとっては「サービス残業」と同じ扱いになってしまう危険性をはらむので、「前業」した日は必ず定時で帰る、などのメリハリをつけましょう。経営者や管理職など、自分の裁量で働く人により向いたやり方かもしれません。

効率化のための三つの心得

■過剰品質を避ける

何かを部下に依頼したとき、起きやすいのが必要以上に丁寧に仕上げる「過剰品質」の問題です。依頼する側は「社内で回覧するだけの資料だからＡ４一枚にまとめてくれればいいな」と思っていても、相手にそれが伝わらずに一〇枚はある資料を作成してしまう。特に若手で経験の浅いうちに陥りやすいワナです。こうした場合、依頼するほうは「用途」「仕上がりまでの時間」をきちんと伝え、「過去の似たような資料」なども渡すことで行き違いを減らすことができるでしょう。

▪仕上がりイメージを描く

たとえば、あるデータのまとめを頼まれた場合、最終的なアウトプットをイメージしてみましょう。「こういう結論だからこういうストーリーになるはず、そのためにはあの年のデータも必要だし海外のデータも入れないと」といったように先回りして考えることで準備すべきものが見えてきます。

▪「仕上げ率」を考える

人間というものは、常に一〇〇％の力を出せるわけではありません。特に仕事というものは長く続く活動です。いつでも全力パワーというのでは息切れしてしまいます。プロジェクトごとに、もしくはもう少し長いスパンで「いまは八〇％でよしとする」「これは一二〇%を目指す」というように品質の達成度にメリハリをつけてみましょう。この見極めには少し経験が必要かもしれませんが、時間と品質をセットで管理することで長時間労働をしなくとも成果に結びつけることができるようになります。

「いつも忙しくてバタバタしている」というのは、これから、仕事がデキないことの証明になっていくでしょう。仕事で成果を上げ続けたいなら、残業を減らすことがいちばんの近道なのです。

「オフラインタイム」を確保する

小室さんが推奨する「夜お茶タイム」、これは僕もやっています。うちの場合は、夕食の後片付けを終えたタイミングでお茶を入れます。このとき用のお菓子をいろいろ探すのもふだんの楽しみです。夫婦でまったりと話をしているだけですが、ゆっくりと話をするための大事な時間です。

このとき意識しているのは、その時間を「**オフラインタイム**」にすることです。

僕は常時メールをチェックし、ツイッターなどに書き込みをするような生活を送っています。家に帰ってもついついそれらを見てしまうのですが、この時間だけはパソコンやケータイを遠ざけ、妻の顔を見て話をすることに気をつけています。それまでも、メールを読んだりツイッターをチェックしたりしながら妻の話を聞き、生返事や聞き返しをしてしまって怒らせることがよくありました。「これじゃあ、結局は会話をしていないことと同じだな」と気づいたときから、こうした「ながら会話」を止めたのです。

話を聞くときにはしっかり聞く。本当に当たり前過ぎることですが、しっかり意識しないと意外なほどできないものです。

結婚とは違う環境で育った二人が一緒の生活をはじめるものです。価値観や文化の違いはあって当たり前。どうすればお互いが気持ちよく暮らせるのか、どんなライフスタイルを実現したいのか、それをぶつかり合いながらもすり合わせていく。結婚はその積み重ねなのでしょう。僕もまだはじめたばかりですが、きっとこれは終わりのない作業なのだということを感じます。

オトコには「自分の仕事」を与える

僕は「仕事を一八時に終わらせる」と決め、その後は家事と育児に時間をあてています。それは、自分と妻、二人ともに仕事も生活も充実させたいと願っているからです。

正直に言って、僕もはじめから家事が好きだったわけではありません。ただ、「家庭をマネジメントできない人が、どうして人生をマネジメントできるか！」という思いが強くあり、苦手な家事でも、できることからやってみようと思ったのです。

はじめに手をつけたのが掃除です。でも、やってはみたもののどうにも面白くないのです。掃除は自分に合っていないのかと思い、今度は食器を洗ってみましたが、やはりどうも面白くない。「なんで僕はこれを楽しめないんだ?」といろいろ考えてみた結論は、「これがフラグメント（切れ端の仕事）だからだ」というものでした。「これ、やっておいてね」と与えられた全体の見えない仕事、それをこなすだけではどうもやりがいを感じられない、それは仕事でも同じではないか。そう気づいて、その対極にある**「裁量権のある仕事」**を担おうと考えました。そして、妻が担当だった「家事全般」のなかから、「食器洗い」をはじめとしたいくつかの家事を裁量権と責任を伴った「自分の仕事」にしてもらったのです。

「食器洗い」では、「おぼん」でイノベーションを起こしたことは前に述べた通りですが

（笑）、僕はもともと凝りやすい質なので、次にストップウォッチで時間を計りながら食器を洗ってみました。最初は二五分かかった作業を、やり方を工夫してみると一五分まで短縮できることがわかりました。しかし、それ以上はどう頑張っても短くできないのです。

「それなら、ここは設備投資だろう」と考え、食器洗い乾燥機を導入することを妻に提案しました。「お皿なんて、手で洗えばいいんじゃない？」と渋る妻に対し、導入メリット、懸念点への説明、具体的な見積もりをまとめてとうとうとプレゼン。もちろん光熱費と水道料金も試算し、僕の「時給」を含めれば月数万円は節約できる、と熱く訴えたところ、なんとかＯＫをもらえました。届いた食器洗い乾燥機を家にセットし、はじめて使ったときには工場でラインを初稼動させた工場長のような高揚感を味わいました。

キャッチコピーで家事を楽しむ

僕の担当業務には「片付け」もあります。こちらにも日々地味にイノベーションを起こしています。まず、担当者として家庭内に徹底すべきだと感じたのは、「アウト速攻イン！」。何かを使おうとしてモノを出し、使い終わってそのままおいて置くために部屋の崩壊がはじまります。モノを「出す＝アウト」したら、速攻で「しまう＝イン」することが必須なのです。「出したらすぐしまう」と言うとあんまりにも当たり前なので、「アウト速攻イン！」とリズムをつけて身体に覚えさせ、実行するとけっこう楽しく習慣づけられることがわかりました（笑）。

「アウト速攻イン」に次ぐ片付けの法則その二は「ファインダビリティ（検索可能性）向上」。何かをしようと思ったときに必要なものが見つからないと、初動のモチベーションが下がってしまいます。だから、いつでも誰でもわかるように収納する。これが「ファインダビリティを高める」ということです（こちらも単に「ものを見つけやすく」というよりもビジネス的でカッコよく聞こえます！）。同じ種類のものをまとめ、外からわかるようにラベリングします。僕は自称「テプラ魔」。ラベルライターが大好きで、モノをしまう場所はこれを使って必ず細かく表示をしています。「ケーブル」「デジカメ」「充電器」ｅｔｃ……、ほかの人が見ればちょっとぎょっとするくらいの細かさです。さらに、「工具」などとラベルをつけても「工具って何よ？」となることが増えたので、箱はすべて透明にして中身が見えるようにしました。

やりたくないことを先延ばしにしないためにも、整理整頓をしっかりすることは大切。

それは、「何かを探す時間がもったいない」からです。生産性向上は効率化だけを目指していてもダメで、モチベーションの維持と密接に関係しています（この執念の片付け学を妻は苦笑しつつも温かく見守ってくれています……）。

この家庭における「アウト速攻イン」と「ファインダビリティ向上」運動が一定の効果を上げたため、僕は職場でも朝の三〇分間を清掃タイムとすることにしました。実際に導入してみたところ、モノが片付き業務がスムーズになる、という当初の目的のほかに、部署を超えた会話が生まれるなど、副次的な効果も生んでいるようです。

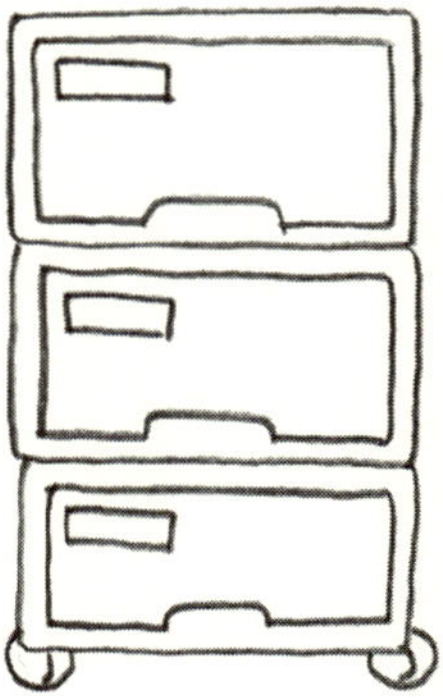

「お膳立て」で家事にイノベーションを

Dさん：（三二歳・研究職・男性）

僕は料理が苦手です。妻と共働きですが、妻の帰りが遅いときに夕食の準備を頼まれても、つい、お弁当を買ったり外食にしてしまったりします。妻は、食費が高くつくことや栄養バランスが偏ることに不満なようです。とはいえ、仕事で疲れて帰って苦手な料理に取り組むのは何とも気が重いのです。

小室　料理は健康を保つためにおろそかにできないもので、家事のなかでも重要度が高いものですよね。とはいえ、独身時代にあんまり料理をしてこなかった人には、はじめは荷が重いでしょうね。

駒崎　そうですよ。実は僕もDさんみたいに料理が大の苦手でした。一人暮らしのときは、一人分の食事のために調理にかける時間がもったいないと思って、もっぱら外食頼み、定食屋のポイントカードをせっせと貯める生活だったんです。結婚してからも料理を苦にしない妻に頼り切り。でも、子どもが生まれるとなると、そんなことは言っていられなくなってきて……。

小室　万一、妻が倒れるなどの非常事態が訪れたときのことを考えても、夫も料理ができたほうが絶対に安心ですよね。我が家は前にお話ししたように、朝食を夫の担当にしました。朝食であれば、スクランブルエッグなど簡単な料理からはじめられるし、品数も少なくて済むので初心者でも抵抗が少ないですよね。あとは子どもの離乳食も簡単でいいと思います。出汁をとったり野菜をゆでたり、料理の基礎から覚えられる点からもお薦めです。

駒崎　僕もこのままではいけないと「料理への苦手意識はどこから来ているのか」について考えてみました。

小室　また考えたんだ（笑）。

駒崎　はい。で、「料理のレパートリーとレシピを覚えていないから何から手をつけていいのかわからないことが理由なのでは」と気づいたんです。この苦手意識を克服するために立てた作戦が「お膳立て料理法」です。

小室　それはどんなものなの？

駒崎　僕は料理をつくること自体が苦手なのではなく、「何をつくっていいのかわからないことから来る戸惑い」が嫌だったんですよ。なので、まず献立を妻と一緒に決めて、食材の準備までを妻にしてもらいます。そして、妻が授乳や子どもの沐浴をしているあいだに教えてもらったとおりにつくるんです。ここまで完璧に「お膳立て」してもらうと、純粋に料理をつくることを楽しめました。

小室　それで、今は抵抗なく料理をしているんですね。すごい進歩！

駒崎　料理に対する敷居が急に下がったんですよ。男性の家事は、こうした「お膳立て」の方法はとても有効だと思います。ちょっと学術的裏付けをしますと、これって、人類学で言うところのレイヴとウェンガーの「正統的周辺参加」というものなんですよ。たとえば、徒弟制度で人を育てる「仕立屋」の仕事においては、新人には最終工程のボタンつけなどの作業をさせて、やがてより上流の工程に逆のぼって作業を任せていく、という人の育て方をします。つまり、時系列に沿って覚えていくよりも最終形がイメージできる簡単な作業から習得するほうが一連の業務が覚えやすい、という理論なんですよ。

小室　なるほど。理論の裏付けもちゃんとある作戦だと（笑）。会社の仕事で言えば、新入社員には先輩が「お膳立て」した案件の最後の「契約書の捺印」だけさせておいて、だんだんと中心的な仕事をやらせていく、ということですね。

駒崎　そうです。仕事で有効な理論は家事でも有効なんですよ。はじめはパートナーの手を借りながら、徐々に「正統的に関わっていく」ことで苦手な家事にもイノベーションが起こせるはずです！

第3章

妊娠・出産戦略

「妊婦の夫」をやってみて

駒崎

あしたのジョーの「丹下」になる

妻が妊娠したとき、夫にできることは何でしょうか?

二〇一〇年に妻の妊娠と出産を経験した僕は、ずっとこのことを自問し続けていました。当然ながら人生のパートナーである妻にできるだけの協力をしたいと考えるわけですが、その思いが空回りしているように感じることもありました。僕は病児保育事業という仕事をしているために、妊娠や出産、育児に関しての知識は一般の男性よりはもっていると思います。でも、実際、自分の妻と自分のことになると、戸惑うことだらけでした。

男性が妊娠・出産において肝に銘じるべきは、**主役は妻であり自分はそのサポート役**なのだ、という状況認識です。男性は、仕事などで自分が主役となることが好きで、サポート役に慣れていない人が多いように感じます。この時期の夫と妻の関係は、たとえはちょっと古いのですが、漫画『あしたのジョー』における矢吹丈と丹下段平の関係、つまり、ボクサーとセコンドのようなものなのだと思います。セコンドはどこまでもボクサーを支えますが、最後に出産というリングに立つのはジョー一人、つまり妻だけなのです。

セコンドとしては、ボクサーの置かれた状況をよく理解しなくてはなりません。
まずは体調。妊娠時の女性は、月数に応じていろいろな身体の変化があります。最初にくるのがつわりでしょう。つわりは個人差が激しく、ひどい人もいれば軽い人もいます。妊娠の月数が進んでくると、今度は足の疲れやむくみに悩まされることもあります。ホルモンバランスの大きな変化が起こっているので、イライラしたり不安になったりすることも多いのです。相手の状況がいつもとは違うと認識することが大事であり、妊娠中は体重の増加に敏感になっている女性が多いのに、いつもどおり気軽に「ちょっと太ったね」と言って妻を激怒させた、という話もあります。妻の言動にカチンとくることがあっても、「この時期だけのこと」と受け止めて、落ち着いて対処する気持ちが必要です。

妊娠生活や悩みは人それぞれ。セコンド役の夫ができることは家事はもちろんのこと、妻の様子を見守り、話を聞き、寄り添って不安を和らげてあげることでしょう。体調管理、食事管理、メンタル管理……、セコンドは最良の状態でボクサーがリングに上がることができるよう、あらゆる面からサポートするのです。

妊娠講習に参加してみた

最近では、夫婦で参加できる出産・育児講習会（両親学級）があります。自治体や病院などが主催するこれらの講習会にはいろいろなイベントが用意されています。

僕が参加した講習会には、「着用することで妊婦の気持ちがわかる」という「妊娠スーツ」が用意されていました。もちろん僕も勇んで着用してみました。その妊娠スーツには前面には大きなおっぱいとお腹がついていて、重量は十二キロあります。実際に着てみると、ずっしりとして本当に重い。着用したまま仰向けに寝てみると、ものすごい圧迫感がありました。こうしたものを実際に着てみることで「妊娠中の女性が仰向けに寝られない」「足元にあるものでも手が届かない」といったことをリアルに感じられるようになりました。やはり情報だけ知っていることと実際に体験するのとでは大違いです。「赤ちゃんに見立てた人形をお風呂に入れてみる」という沐浴講習もありました。これも育児に対するイメージが具体的に湧いてくるので、とてもよい機会でした。特によいのは、夫婦で参加するために情報がどちらかに偏ることなく、**共通の体験を基にしていろいろな話ができる**ことだと思います。

こうした講習会を受けてみて、ちょっと気になったのが開催日です。「両親学級」は男性に配慮して土日に開催されることが大半でしたが、女性だけを対象にした「母親学級」となると、まだ平日昼間だけしか開催していないところが多いのです。当時まだ産前休業に入っていなかった僕の妻は、「引き継ぎで忙しい時期に、休んでまでは参加できない」と困っていました。情報収集ができないのはもちろんのことですが、こうした講習で同じ地域や同じ病院で出産するママのネットワークができるので、参加できないことでそうした情報網からも取り残されてしまう、というのです。都会で働く女性は住む地域に友人知人があまりいないことも多く、こうした機会損失は深刻です。

専業主婦の方が多かった以前ならばいざ知らず、働く女性が多い今の状況を踏まえ、ニーズをくみ取った開催日を柔軟に設定してもらえればと感じます。自治体、病院、NPOなどが上手に連携すれば、決して難しいことではないはずです。

本当に役立つのは「生の声」

男性にとっての出産・育児の情報源は女性に比べると圧倒的に限られています。最近では、出産・育児情報誌に男性用の別冊がついていたり、男性向けの育児サイトが立ち上がったりと「イクメン」を支援する情報は、一昔前に比べて増えています。そうした流れはとてもよいことだとは思うのですが、なかには読み手の不安をあおってグッズを買わせよう、という意図が見え隠れするものも見受けられます。出産を控えた女性は多くの情報に触れて不安になることも多いので、男性は客観的に情報を精査する、というのもよい役割分担なのではないかと感じます。

どんな情報でもそうですが、**いちばん大切なのは「生の声」**です。僕は幸い職場のメンバーに育児の先輩がおおぜいいたので、彼ら彼女らから育児情報を集めましたし、学生時代の友人たちからもたくさんの情報を得ることができました。また、小室さんから「加圧トレーニングウェア」というものを教えてもらって、これを着て妊娠中の妻と一緒に散歩をしました。このウェアを着ると、軽い運動でもたちまち汗が出ます。話しながら妻とコミュニケーションがとれ、なおかつかなりの運動量になりました。これも口コミで得られた情報です。男性は友人同士であまり子育て情報を交換しないのかしれませんが、自分から声をかければ、周りにはおおぜいの育児経験者、育児実践者がいるはずです。リアルの父親向け育児コミュニティもいろいろありますので、そうしたものに参加することもよいでしょう。

僕の場合、積極的に周囲に声をかけたことで育児グッズはほとんどお下がりでまかなえ、その後の育児情報ももらいやすくなりました。たくさんの人に気にかけてもらい、助けられていることを実感し、次は後輩を助けたいと思っています。

すべての職場に「育休マネジメント」を

少子化が進む現在の日本。その要因は一つではないでしょうが、働きながら子どもを育てていくことが難しい、ということは明らかにその要因の一つでしょう。育児休業を取りにくい職場の雰囲気だったり、キャリア上に大きなマイナスとなることが明らかだったり……、仕事をきちんとしながら子どもを生んで育てる、こんな人間として当たり前のことができない日本の職場環境は異常です。

僕の妻の職場は、産前産後休業や育児休業の制度とそれを使える態勢が整っている、比較的恵まれた環境でした。そうはいっても、育児休業中の代わりの職員は補充されず、同じ部署のメンバーを気遣いながらの休業となりました。「自分が休むことで周囲に迷惑がかかる」、休業制度や支援態勢が整っている官公庁や大企業であってさえも、出産する女性はそんな後ろめたさを感じながら休みに入ることが大半です。

さらに中小・零細企業は、官公庁・大企業よりも出産・育児へのバックアップ態勢が遅れているケースが多くあります。中小企業の経営者は「人材や資金に余裕がないからできない」「支援制度なんて、余裕のある大企業だからできるんですよ」とおっしゃいます。でも、僕は、これは大きな誤解だと考えています。そして、自分の経営するＮＰＯでさまざまな試行錯誤をしてきました。そして今では、思い込みを捨てて頭を使えば、規模の小さい企業だからこそ、両立支援はすぐにできるものだという確信を深めています。

僕が代表を務める特定非営利活動（NPO）法人フローレンスには、現在九〇人近くの職員がいます。組織が小さく、かつ情報共有の態勢を整えているので、現場の情報は経営者である僕にすぐに入ってきます。病児保育という事業の特性もあって、職員のなかには育児中や今後出産を考えている女性がおおぜいいます。僕はいつも職員に「妊娠したらすぐに言ってね」と伝えています。そして、職員の妊娠がわかれば、すぐに社内の体制を変更します。妊娠の初期でつわりや体調を崩し、十分な引き継ぎの時間を確保できないことも考えられるからです。職員の妊娠がわかったら、妊娠した職員が担当している業務内容を棚卸ししてもらいます。続いて会議を開き、既存の職員に仕事を切り分けます。その段階で既存スタッフのキャパシティがオーバーしそうなときは、新たな職員の補充や派遣スタッフを採用して対応します。場合によっては、従来の業務を不要と判断し、やめることもあります。こうした**「育休マネジメント」が事業全体を見直すきっかけ**になっています。

こういった経験からも、出産・育児への配慮は、中小企業や零細企業だからという理由でできないはずはない、と断言します。小さな組織だからこそ、経営者の判断で柔軟な人員配置ができるはずですし、そうしたきめ細かい対応こそが、規模の小さい企業の強みではないでしょうか。

経営者・上司の立場から言えば、部下には妊娠がわかった時点で体調や自分の抱えている仕事の進捗状態を具体的に話してもらえると助かります。仕事の全体像が見えることで、どの部分は誰がフォローしたらいいのかという、具体的な人員の配置を組むことができるからです。それには、妊娠前から自分の仕事をルール化・マニュアル化しておいて、誰にでもわかりやすく示せるようにしておく＝業務の「見える化」を進めておくことが大切です。

マネジメントに必要なものはすべて育休が教えてくれた

「育児に関わりたい」と考える男性は全体の七割にのぼり、育児休業を取りたいと考える男性も四割以上にのぼっています。にもかかわらず、実際に育児休業を取っている男性は二〇〇九年では一・七二％に過ぎません（図10）。

僕と小室さんは、二〇一〇年に厚生労働省の「イクメンプロジェクト」の推進委員に選ばれました。そのことからも、自分がぜひ育児休業を取ってみたいと考えていました。と

図10 男性の育児休業取得率は増加したものの依然1%台

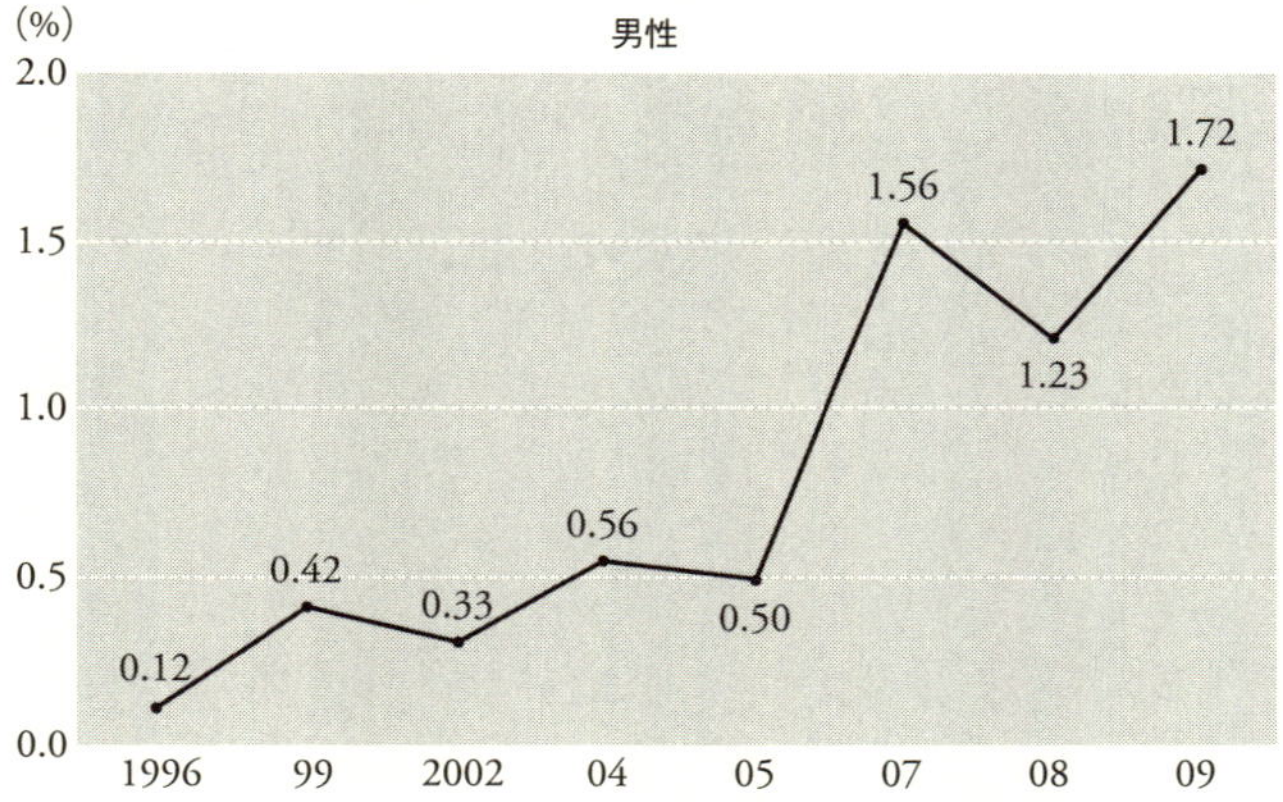

※厚生労働省・雇用均等基本調査結果概要(平成21年度)より

はいえ、僕は経営者です。組織の全責任を負う立場である僕が何カ月も休むことなどできるのだろうか？　正直に言って不安もありました。

まずは準備をしてみることにしました。育休に入る六カ月前から自分の仕事の九〇%を部下たちに割り振り、重要な意思決定は在宅で行うことにしました。一カ月前からは予行練習的に出社日を減らし、僕がいない環境に慣れてもらいました。最初は部下たちにも戸惑いがあったのですが、次第に僕のいないオフィスに慣れてくれたようでした。ここでは、それまでにメンバーと協力して、残業続きだった働き方を変え、僕自身が時間とキャパシティに余裕のある**状態**になっていたことが効きました。キャパシティ一二〇%の働き方、「ミラクルの**連続**」で切り抜けてきたような仕事のやり方では、他人に仕事を渡すことなどできないのです。

そして、いざ二カ月間の育休へ。休業中は完全に仕事から離れたわけではなく、自宅からメールでメンバーに指示を出し、たまに電話でやりとりなどをしていました。仕事量としては通常の一〇分の一程度だったでしょうか。結果として、育児のほうは本当に大変でしたが、仕事のほうは僕が出社しなくても何の問題もなく回りました。ほっとする反面、自分の仕事の九割は何だったのかと考えざるを得ませんでした。

これまで、ずいぶん自分とメンバーの働き方を改善してきたつもりの僕でしたが、まだまだ取り組む余地はあったのです。部下を信頼して仕事を任せれば、部下たちは自分で判断する**力**を高めてどんどん成長する。そして、僕は自分自身が経営者として本当にすべき仕事が見えてくる……。頭では十分わかっているつもりのことでしたが、実際に**「職場に行かない」という状況に自分と周囲を追い込んでみる**ことで、さらなる進歩を体感することができました。

育休を取るためには、「自分がいなくても回る職場」をつくらねばなりません。メンバーであってもそうですし、マネジメント職であればその必要性は格段に増します。自分の仕事を見える化し、権限委譲し、やり方を教える、という三段階を踏んで、部下や後輩が自分と同様の判断ができるよう育てるのです。これは、通常から心がけておかねばならないことですし、それを短期間で実践する機会を与えてくれるのが育児休業なのです。

男性でも女性でも、育児休業を取るにあたって、準備と周囲への配慮は欠かせないものですが、的確な引き継ぎと権限委譲をともなった育児休業は、**取る側とほかのメンバー双方にとって、新たなチャンスと成長の機会をもたらす**ものです。こうした認識がどんどん広まっていくとよいと思います。

ソーシャルメディア型のオトコを目指せ

男性の育休取得に関して、もう少しアドバイスさせてください。

男性には「オレがいないと仕事が回らない」という状態で「デキる自分」を確認し、「この仕事がなくなれば、オレの価値もなくなっちゃうな」という強固な思いをもつ方が多くいます。その堅牢さたるや万里の長城のよう。しかし、こうした「自分だからこそできる」という認識は組織から見れば迷惑なものです。組織、あるいは経営者から見た社員はいつ倒れるかも退職するかもわからない不安定な存在であり、たった一人しかできない仕事がある、ということは組織にとってはリスクでしかありません。

真に組織に貢献する人は、常にこうした「リスク」を軽減することを考えています。そうした方法がさらに仕事の成果を増すことを知っているからです。自分だけができる仕事のやり方、自分がベストと思うやり方は、実は決してベストではありません。自分一人で試行錯誤を続けるより、ほかの人に自分のやり方を公開して社内外から広く改善を募った方がよりよいやり方に速くたどり着きます。このオープン化の手法の有効性は、既にインターネットのオープンソースの世界で証明されています。これまでは一部の人間しか知らなかったような情報がどんどん公開され、多くの人がそれについて知識を得て、議論をはじめる時代になっていています。これからは、**すべてのやり方をオープン化して誰でもアクセスできる状態**にしておく、ソーシャルメディアのような仕事のやり方が求められているのです。

妊娠時期に準備すること

小　室

情報源となる仲間づくり

妊娠・出産はほんとうに人それぞれです。私自身はつわりがひどかったタイプですが、途中で「出産直前までつわりが続く人もいるらしい」と聞いたことで余計に不安になりました。情報を集め過ぎて不安になり、本当に体調を崩してしまうという、典型的な「考え過ぎ」タイプだったと思います。この経験から、体の変化はあまり頭で考えず、自然に受け止めることが大切だと感じました。

マニュアルや情報に振り回されないためにも、同じ時期に妊娠・出産する知り合いをなるべく多くもっているといいと思います。妊娠、出産の情報は日々新しくなっていますし、雑誌やインターネットの情報ではわかりにくいところもあります。複数の口コミ情報がいちばん役に立つはずです。

たとえば、妊娠中の服装について。私は、妊娠というのはいっときのことなので、大きめの服を着て過ごせばいい、と思っていました。でも、仕事をしていればゆったりした格好ではそぐわない商談やプレゼンの場面もあります。デパートのマタニティウェアコーナーを探しても、ひらひらとした甘いデザインの服ばかり……。そんなときに妊娠中の友人のネットワークから、仕事に使えるデザインのマタニティウェアの情報をもらいました。私は「ヴィリーナ」というサイトをよく使っていましたが、最近は仕事に使えるデザインのマタニティウェアを扱っているサイトは格段に増えているようです。そうした服はきちんと体にフィットし、かつおしゃれにできており、臨月近くまで気持ちよく働くことができました。「働く女性のためのマタニティウェア」という限られた情報がいち早く入ってきたのも、似た環境の友人のおかげでした。

出産後には、二、三歳ほど年の離れている子どもをもつ家庭に助けられました。少し年の離れた子どもをもつ同士だと、服のお下がりやおもちゃを融通し合うことができます。○歳から三歳くらいまでは子どもの成長は本当に速く、フォーマルな服や季節用品など、いっときしか使わないものを貸し借りできるような仲間がいると、本当に助かります。

会社で働いている限り、必要な情報は会社や上司が与えてくれます。しかし、これが育児休業に入ると、いきなり情報がほとんど入らない生活がスタートします。ここで戸惑わないよう、**妊娠中に人のネットワークと情報源を確保**しておきましょう。

パパを子育てモードにする

妊娠や出産の当事者となるのは女性ですが、この時期は夫にとってもかけがえのない体験ができる貴重な時間です。妻が夫に自分の状態を伝えることで、お腹にいる赤ちゃんを意識してもらいましょう。そうすることで、夫も自分のやるべきことが見えて自発的に動けるようになります。

私の場合、妊娠中はつわりでほとんどものが食べられない状況が続きました。そんなとき、夫が気遣って私の好きなものを買ってきてくれることはとてもうれしいものでした。また、体に負担のかかる風呂掃除を引き受けたり、玄関や通路からつまずきそうな危険なものを片付けたりしてくれたことも助かりました。

また、「妊娠した妻の話をきちんと聞く」というのも大切なことだと思います。妊娠中はうつ伏せや仰向けで眠れなくなるなど、女性にとってもそれまで経験したことのないような身体の変化が起こります。そうした変化や不安を夫がきちんと聞いて受け止めてくれることは大きな安心になります。また、妊娠中は体重が増えて顔がむくんだりすることも多いもの。最近の病院は体重の増加に対して厳しいので、鏡に映る自分を見て落ち込む人も多いのです。そんなとき、夫が「いつも通りきれいだよ」と言ってあげるだけで、気持ちがずいぶん明るくなると思います。

私が妊娠の終わりごろ体調がすぐれずに沈んだ気持ちでいたとき、夫が「〇〇のマタニティ服がいいんだってよ」と言って、買い物に連れ出してくれたことがありました。妊娠後期になって「もうあと少しなんだから」と新しい服を買うことを控えていた私に、「そんなこと気にせずに買いなよ」と促してくれたのです。久々に外出して新しい服に腕を通すと、沈んでいた気分が一気に晴れていったことを覚えています。

そして何よりもうれしかったのは、夫が私のお腹に赤ちゃんがいることをとても喜んでいる、そのこと自体でした。毎日遅い時間に帰る夫でしたが、どんなに疲れていても私のお腹に向かって、「パパだよ、帰ったよ」と声をかけるのです。それがうれしい私も「女性の声の高さよりも、男性の声の高さのほうがお腹に届きやすいらしいよ」「パパが声をかけるとお腹の赤ちゃんがよく動くね」と言葉に出して伝えるようにしていました。

妊娠の当事者となるのは女性なので、男性はどうしても疎外感を抱きやすいものです。男性にも妊娠中から子どもとつながりたい気持ちはあるはず。女性は妊娠という特殊な体験を独り占めせずに、上手に**男性にもお腹にいる赤ちゃんとコミュニケーションをつくる配慮**をしてあげましょう。小さな配慮をすることで、パパもスムーズに子育てモードにスイッチが入るはずです。

制度の概要を広めておく

育児休業を取得するにあたって、「会社や職場に負担がかかる」「迷惑をかける」と思う

図11 出産時にもらえるお金、手当て

	対象者	金額
出産育児一時金	健康保険または国民健康保険加入者	35万円
育児休業給付金	同じところで1年以上雇用されていた場合	賃金日額×0.5×支給日数
出産手当金	健康保険加入者	産前42日、産後56日間、標準報酬日額の3分の2相当額
子ども手当	子どもを養育している人	15歳以下の子ども1人につき1万3000円/月
医療費控除	年間10万円以上の医療費を使った場合	確定申告による還付
乳幼児医療助成制度	子どもを養育している人	一定の年齢まで子どもの医療費無料（自治体ごとに異なる）

※制度は現在のもの。変更されることも多いので事前に確認を

人は多いようです。休業中にも給料の何割かを会社が払ってくれていると思って、申し訳なく感じている人も多いでしょう。しかし、単純に費用だけを考えると、育児休業取得にあたって**会社が直接的に負担するコストはありません**。育児休業者が受け取る育児休業給付金は雇用保険から支払われるものですし（図11参照）、休業中は雇用保険料、厚生年金保険料、健康保険料、介護保険料といった社会保険料も現在は全額免除されています。会社側の負担として考えられるのは休業中の代替要員として新しく人を雇う場合でしょうが、それも休業者の給料が浮いているのでそれでまかなえるはずです。

ところが、人事・総務担当者ならばこう

した制度の詳細を理解しているでしょうが、上司や周囲が誤解している場合が多くあります。そうした人は「育児休業者が出ると会社にコストがかかる」と思い込んで、対象者に休業を取らせまいとしたり、休業を取るくらいなら辞めてくれ、という態度をとったりすることがあります。これから休業する予定の人は、ふだんから自分の上司や同僚に正しい知識を発信しておきましょう。

コスト以外で休業者が気にするのは、自分の仕事を引き継いだ同僚の負担が増える、ということでしょう。一年ほどの育児休業期間のために新たに人を雇うことは稀でしょうから、多くの職場では、休業者の仕事は分割して周囲に引き継がれることが多いでしょう。すると、「こんなに忙しいのにまた新しい仕事を増やして！」と休業を迷惑とする感情が生まれやすくなります。

ここで、私が提案しているのが、**「ドミノ人事」**という手法です。もともとはアウトドア用品メーカーのパタゴニア社がやっていたもので、休業者が出た場合、休業者の仕事を同じ部署・チーム内のメンバーが期間限定で職位を一つずつ上がることで対応していくのです。休業者が係長であれば、その下の主任が係長代行となり、主任の仕事を中堅メンバーが、中堅メンバーの仕事を新人が代行していきます。最後の新人の仕事は引き継ぐ人がいないので、アルバイトが対応したり仕事自体を見直したりして減らし、残った仕事は吸収したりなどの対応をとります。この方法であれば、他部署から人を異動させたり新しく人を雇用したりする必要はありません。一つ上の視点で仕事をすることは本人の成長にもつながります。休業が仕事のムダのあぶり出しとほかのメンバーにとっての成長のチャンスとなるのです。この期間中に成果を上げたメンバーは次の人事のタイミングで昇進させるなどで報います。

育児休業を取得する方にアドバイスしたいのは、「同じ立場と配属先で復帰すること」に過度に固執しないほうがよい、ということです。育児休業者がキャリアのレールから外されることの多かった時代には、「原職復帰」が行政から指導された経緯がありますが、今のスピード感ある企業経営のなか、一年後の職場においてどこに人員が不足しているかの予測は難しくなっています。育児休業からの復帰と異動を同時にこなすのは大変でしょうが、出産前と働き方を変えるためには新しい環境のほうがやりやすい面もあるでしょう。育児休業は法律で保障された働く人の権利ですが、それを過度に主張することなく、**高い視点から自分のキャリアを見つめ直す機会**だと捉えてみましょう。

引き継ぎスケジュールを共有

育児休業取得で「周囲に迷惑をかけたくない」と考えているならば、妊娠中から休む準備を万全に整えましょう。

最初にやっておくべきは、**「周りのサポート」**です。つわりが一段落した時期など、体調がよいうちは、部署のリーダー的な人の仕事を率先して手伝うとよいでしょう。「自分はもうすぐ休みに入るから」と遠慮して仕事に消極的になる人がいますが、周囲は「休むからといって仕事に手を抜いている」と見てしまいますので、こういうときこそ積極的にできることをかって出ます。そうすることで「この人はふだんから周りを見て率先して仕事をやっている。チームワークを大切にしている」と再認識してもらうのです。

そして次にすべきは**「仕事の徹底した見える化」**です。育児休業者の存在を周囲が「迷惑」だと感じてしまう理由の大半は情報共有が不足しているためです。「いつから休み、いつ復帰するのか、いつから引き継ぎがはじまるのか」、そうした情報を関係する全員と共有しておきます。本人と上司だけが相談して、頭の中にある引き継ぎスケジュールをもとに黙々と仕事をこなしていても、肝心の引き継ぎ先となる周囲にはまったく伝わりません。「こちらも準備が必要なのに、どうするつもりなのかしら」と思われがちなのです。

よって、休業を取得することがわかった時点で、引き継ぎスケジュール表（次ページ参照）をつくり、チーム内に公表しましょう。引き継ぎには相手がいますから、相手もスケジュールを合わせなければ予定通りの引き継ぎはできません。スケジュールをつくる際の注意点は以下のようなものです。

▪一カ月前には休める状態にする……産前一カ月は体調を崩したり切迫早産で休んだりする可能性もあります。ギリギリまで働けるからと考えず、そうしたケースも想定し、休業取得の一カ月前には引き継ぎを終え、残りの期間は次の担当者とダブル体制で仕事をする状態を目指します。

▪使える連絡先を入れる……休業する場合には、住所や電話番号などの連絡先を同僚と上司に伝えます。特に里帰り出産をする場合には休業の途中で連絡先が変わることもあるでしょうから、期間ごとに区切って「実際に使える連絡先」や郵便物の転送先を入れましょう。郵便物の対応について引き継ぎしなかったために、得意先からの重要書類が個

Tips6 引き継ぎスケジュール表

妊娠がわかり、休業の取得が決まったら、自分の出産予定日までのカレンダーを表にし、休業に入る一カ月前まで引き継ぎがすべて終わるように項目ごとの引き継ぎ計画を立てます。大切なのは、上司に提出するだけではなく、引き継ぎをする同じ部署の同僚や関係者全員で共有することです。また、休業中の滞在先住所や連絡先も忘れないで記入しておきましょう。

（自分用 TODO）

（10月中） 11月 ～1月	上司に報告、引き継ぎスケジュール打ち合わせ メンバーに報告、引き継ぎスケジュール表作成 マニュアル作成（課長にチェックを依頼）

2月1日	引き継ぎミーティング→営業2課全員	
2月8日	「プロジェクトA」引き継ぎ打ち合わせ	A会議室
2月10日	「プロジェクトB」引き継ぎ打ち合わせ →佐藤さん、山口さん、諏訪さん	ミーティングスペース
2月15日	「プロジェクトC」引き継ぎ打ち合わせ→遠野さん	C会議室
2月15日	社内担当業務引き継ぎ→田沢さん	ミーティングスペース
3月1日	引き継ぎ終了、課長に進捗報告	
3月12日	総務担当者と打ち合わせ	
4月2日	産前産後休業開始予定	
4月15日	実家に移動	連絡先○○○…
5月7日	出産予定日	
6月下旬	自宅に戻る	連絡先△△△…
8月～	月次報告メールを送る	
11月上旬	会社訪問予定	
3月1日	復帰予定	

人宛に届いていて、数カ月間も会社の机に放置されてしまった、といったケースもあり得ます。お薦めしたいのは、休む月数分の封筒を用意して、宛先に自分の住所と名前を記入して切手を貼り、毎月個人宛に届いた郵便物などをその封筒に入れて送ってもらう、という方法です。同僚が住所を調べる手間を省き、確実に送ってもらえる「お膳立て」をしておくのです。前職でこの方法で上手に引き継ぎをしていた先輩がいて、郵送する役目の私は毎月その封筒を使い、先輩へのメッセージを添えて送っていました。

■チーム全員が見える場所に……引き継ぎスケジュール表は職場の壁など見やすいところに貼っておくとベストです。本人も自分が抱えている仕事内容を把握でき、周りの人も引き継ぐ内容や時期がクリアになります。

育児休業前に大切な心がけは「ご迷惑かけます」でも「権利なんだから当然でしょ」でもありません。これからも関係が続く職場の仲間が安心して気持ちよく仕事を続けられるように最善を尽くすことです。本来、それは個人だけが負担することではなく、職場のシステムとして準備しておくことが必要なのは言うまでもありません。あとに続く後輩のためにもなることなので、職場に働きかけて整備し、実績をつくりましょう。

コラム

子どもの生みどきがわからない

Kさん：（二九歳・調査会社・女性）

結婚して二年目です。入社してから八年目で、ある企画のチームリーダーを任されるなど、やっと社内で認められてきたと感じています。今悩んでいるのは、子どもを生むタイミングです。子どもはいつかは欲しいと思っていますが、今の仕事で結果を出すまでは休みをとることは考えられません。仮によい結果が出せても、さらに大きな仕事を任せられて責任も重くなるはず。私もここまで育ててくれた上司や先輩の期待に応えたいという思いもあります。この先、出産をどのタイミングで考えたらよいでしょうか？

小室　そうですね、出産に対して悩まれる気持ちはとてもよくわかります。でも、上司はあなたに対して短期の成長だけでなく、出産や育児を経て視野を広げ、長期的に成長してほしいと思っているはずですよ。まず、「このようなタイミングでなければ生めない」とは思わず、柔軟に考えてみてください。

駒崎　女性はキャリアとの両立で悩むし、男性は結婚と同じように「オレで大丈夫なのか」と悩むし、お互いに考えはじめるとなかなか結論が出せないかもしれませんね。

小室　私は妊娠、出産してみて「人生には思い通りいかないこと、努力ではどうしようもないことがある」と感じました。

駒崎　僕も妻が妊娠していたときにそれは感じましたね。日々体調が変化しますし、自分の思い通りにいかないことも多い。

小室　妊娠すればつわりがあり、お腹は大きくなります。個人差はあるでしょうが、これまでできていたことが思うようにできなくなって、人に任せたり手伝ってもらったりすることが出てきます。でも、だからこそ、それらすべてがとてもいい学びのチャンスだと思うのです。人に任せたり後輩を育成したりすることで、チームで成果を上げるための新しいやり方も生まれるはずです。

駒崎　夫としても、人をサポートすることを学ぶためのよい機会ですね。

小室　「いつ生んだらよいのか迷う」というのは、出産によるブランクはキャリアにとってマイナスでしかない、という捉え方からきていると思います。でも育児休業も上手に使えば、単なる「休み」ではなく、スキルを磨く期間にすることもできますよ。何より、子どもを生む機会は長い人生から見れば限られた期間のもの。長い目で見れば、「出産・休業はキャリアにマイナス」ではなく、「自分と夫が成長し、職場をよい方向に変えるチャンス」だという視点がもてるはず。「子どもをもちたい」と少しでも思ったらそのときが生みどきだと思って下さい。そして、ぜひ長期的に自分の人生とキャリアについて考えて頂ければと思います。

第4章

育児戦略

子どもが生まれたあとは

小室

すぐに夫を育児に巻き込む

ついに生まれた子ども、母親としては出産の感動とあいまって、「育児はぜんぶ自分の手でやりたい！」という思いにかられることでしょう。確かに、子どもが生まれてまもない頃は、授乳という母親にしかできないことがあります。でもそれを除くと、育児において母親しかできないことというのは、実はそんなにないものです。大事なことは、夫を育児から排除せず、なるべく早い時期に育児の「当事者」になってもらうこと。仕事でも、一部だけを切り取って与えられた「作業」というのは、やっていて面白くないものですよね？　育児だって同じこと。「育児」という壮大なプロジェクトのスタート時からちゃんと夫をメンバーとして迎え入れ、妻はリーダーとして、裏からプロジェクトを盛り立てていくことが大事なのです。

ここで妻だけが育児を抱え込んでしまったり、妻の実家に頼り切りになってしまったりすると、出番のない夫は育児参加の機会を失ってしまいます。さらに、父親に接する機会が少ない子どもは夫になつかないままとなり、さらに夫が育児から遠のく、という悪循環を生んでしまうかもしれません。

「ママ、ママ」と子どもに甘えられ、必要とされていることはうれしいものですが、それを「パパ、パパ」にすることが妻の腕の見せどころ。ママがいなくてもパパがいればうれしい、と子どもが思うようになると、育児はぐんとラクに、そして楽しいものとなるはずです。**母親が育児を抱え込まない**こと、早めに夫の役割と出番をつくること。このスタートダッシュがあとから効いてくるのです。

育休中も家事分担をしっかりと

子どもが生まれると、数カ月単位で生活は大きく変わります。生まれたばかりは数時間ごとに授乳をする必要があり、母親は寝る時間も確保することもままなりません。夫もそれに付き合うこともあるでしょうから、きちんとした時間管理をすることなど不可能でしょう。でも、こうした状態は長く続くわけではありません。目安としては、生後三カ月を過ぎるころからは夜泣きが収まり、授乳の間隔も空いてきて、生活が多少落ち着くことが多いようです。

私の場合も出産から四カ月ほど経つと、育児にもだいぶ慣れ、子どもがまとまって寝てくれるようになることで時間に余裕ができてきました。すると、育児はもちろん、それまで夫がやっていた家事もすべて引き受けてこなすようになってしまいました。「自分がやったほうが速い」という気持ちと、何より「育児のために休んでいるのだから、私が全部をきちんとやらなければ」という気負いがあったのです。育児の合間に効率的に家事をこなそうと、夫を早く送り出し、あれをやってこれをやってと気ばかり焦っていました。

結果として、私は育児も家事も一手に引き受けたまま、仕事に復帰しました。休業中も育児と家事で手一杯だったのにそこに仕事が加わるのですから、当然ながら、たちまちパンクしてしまいました。「もうダメだ、一人ではこなせない」と、再び夫に家事の分担を頼みましたが、すっかり家事なしの生活に慣れてしまった夫はなかなか体が動きません。復帰後の忙しい日々のなかではケンカも多くなりました。そのときの夫の平均帰宅時間は深夜二時前後。まずは一週間に一日早く帰る日をつくってもらい、少しずつ少しずつ、働き方を変えていってもらいました。

育児休業中、時間のできた妻がそれまで分担していた家事すべてをやってしまう、夫もラクなのでついついそれに甘えてしまう……。ほかのご家庭でもあるケースかと思いますが、ここに大きな落とし穴があります。

私自身の経験を踏まえ、家事と育児は復帰してから分担するのではなく、休業中からいずれくる共働きの生活を想像し、分担について話し合い、**予行練習的にやっておく**ことをお薦めします。

四カ月目からの「自分磨き」と「職場への月報」

前項で述べたように、産後三カ月までは、慣れない育児や夜中の授乳などで、ほかのことはなかなか考えられない、という人が大半ではないかと思います。

ですが、産後四カ月から日常生活に戻りつつあるタイミングで、ずるずるとテレビを見続ける生活にはまってしまうと、その生活からなかなか抜け出せなくなります。せっかくの長い休業期間、育児を楽しむのはもちろんのことですが、できればそれ以外のことにも有効に時間を使いたいものです。

何をするかについては、出産前から計画を立てておくといいでしょう。自分に足りないと思っていたことや勉強してみたかったことをリストアップして、勉強のために必要な本を買ったり、通信教育を申し込んだり、習い事の教室を見学したりと、できる範囲で準備をするのです。私の場合、運動不足になりそうだったのでスポーツクラブを見学し、入会を決めておきました。

ここでは「これまでのブランクを埋める」というよりも、「今後に向けてブラッシュアップをする」という発想が大切です。休業中は復帰後の仕事や生活を考えて心配もあるでしょうが、こうした不安をはねのけるためにも、この休業期間を使って新しいことにチャレンジし、**自分への自信をたっぷりチャージ**しておきましょう。ここでずるずる時間を過ごすと、「時間があったのに何もしなかった」「こんなに休んでしまって仕事についていけるのか」「後輩に追い抜かされるのではないか」と自信を失ってしまいます。結果として「保育園が見つからないから」といった理由で復帰を断念することにもつながりかねません。

四カ月目からは、自分磨きと同時に**職場とのコミュニケーション**もはかっていきましょう。出産報告だけをしてあとはそのまま、というケースも多いようですが、本当に大切なのはそのあとです。毎月一度は上司にメールなどで近況を報告し、職場の近況についての情報も入手しておきましょう。企業によっては休業中の報告が義務付けられているところもありますが、そうした制度がない場合にも自分から積極的に報告し続けることがポイントです。報告には成長している子どもの写真もつけるとよいでしょう。ぐんぐん大きくなる子どもの写真によって、上司はあなたが子育てをしていることを実感し、復帰への意欲をもって休業期間を過ごしていることも伝わるはずです。

保育態勢の計画を立てる

大都市圏では慢性的な保育園不足が続いています（171ページ、図12）。こうした地域に住んでいる方は保育園に預ける時期についても考えておかねばなりません。

主に行政が運営する認可保育園は、四月からの新年度に向け、前年の十一月から十二月に募集し、二月末に入園の可否が決定されます（自治体によって多少異なります）。定員に空きがあり、入園条件を満たせば何月からでも入園可能ですが、やはり新年度にあたる四月がいちばん入園しやすいでしょう。ここでは保育の緊急度が高い人が優先して入園することになるので、五月以降に職場復帰を予定している人はほとんど入園できない、といった状況も起こります。このため、休業の予定を切り上げ四月に職場復帰する人もたくさんいます。また、子どもが年末や早生まれの場合は規定の月齢に達しておらず、四月からの入園ができないこともあります。住んでいる自治体の保育園事情や基準を調べ、早めに情報を入手し、子どもが生まれたら、職場復帰の時期なども併せてスケジュール表（173ページ参照）をつくっておきましょう。

幼い子どもをもつ共働き世帯にとって、双方の両親、子どもにとっての「おじいちゃんおばあちゃん」は、子育ての大きな味方です。万一保育園に入れなくてもしばらくのあいだ子どもを預かってもらう、という選択肢がとれるかもしれませんし、保育園入園後も突然の病気で保育園に行けないときの預かり先として頼るケースも多いでしょう。とはいえ、「近くに両親が住んでいないと仕事と育児の両立は無理」というわけでは決してない

図12 待機児童数は依然多い

1. 保育所待機児童の状況

	4月	10月	4月から10月の比較
平成20年	19,550人	40,184人	2.1倍
平成21年	25,384人	46,058人	1.8倍
平成22年	26,275人	48,356人	1.8倍

2. 年齢区分別の待機児童数

	22年 4月 待機児童数	22年 10月 待機児童数
3歳未満児(0〜2歳)	21,537人	42,410人
うち0歳児	3,708人	17,432人
うち1・2歳児	17,829人	24,978人
3歳以上児	4,738人	5,946人
全年齢児計	26,275人	48,356人

※厚生労働省・保育所入所待機児童数(平成22年10月時点)より

と思います。

私たち夫婦の場合、どちらの両親も遠方に住んでいるので、日々の育児にはほとんど頼ることができませんでした。運よく保育園には入れたものの、病気になったときには夫婦どちらかが休むか、病児保育サービスや民間のベビーシッターを使って対応していました。最初は「両親に頼れればなあ……」と思うこともしばしばでしたが、夫婦で結束して育児をした結果、夫婦の絆は強まりましたし、近隣とのネットワークもできました。さらに、出産前からボランティアで続けていた学生向けプレゼン講習の受講生たちもベビーシッターを引き受けてくれました。

「学生に赤ちゃんを預けるなんて」と思われる方もいるかもしれませんが、欧米ではベビーシッターは学生のもっともポピュラーなアルバイトとして定着しています。赤ちゃんに触れることの少ない若者にとって、シッター経験は貴重な機会ともなるようです。はじめは赤ちゃんをどう扱っていいかわからずにおろおろしていた男子大学生が「いやー、なついてくれると本当に可愛いですね」とシッター業務に夢中になっている、ということもよくありました。また、子どもにとっても「お兄ちゃん、お姉ちゃん」と遊ぶことは楽しいようです。特に三歳を過ぎると活発に遊ぶようになるので、それに付き合ってくれる大学生ベビーシッターの存在は、子どもの成長にとてもプラスだったと感じています。

私のように、近くに「頼れる両親」がいない方は、保育園に加え、病気のときのために民間のベビーシッターサービスや自治体のファミリーサポートサービスなど、二重三重の「保険」を用意する必要があるでしょう。駒崎さんの行うフローレンスの病児保育サービスも対象エリアの方には大きな安心となるはずです。そして、それらのサービスとあわせ、親戚や近所にベビーシッターを頼める学生がいないかどうかもぜひ探してみてください。シッターの対価はアルバイト代でもいいでしょうし、就職指導や社会人としてのスキルを教えることでもよいと思います。夫婦だけでも知恵と工夫で乗り切れることは多いのです。

Tips7　公立保育園に４月入園で申し込む場合のスケジュール

※自治体により異なりますので、お住まいの地域でご確認下さい

スケジュール			TO DO
４月 ↓		情報収集	●お住まいの自治体に行き情報収集しましょう ・保育園申請書類 ・保育園リスト ・認可保育園以外に行政がサポートしている保育手段 ・申請スケジュールや審査方法などの確認
11月	初旬 中旬 下旬	４月入園申請　書類受付開始 ↓	●なるべく多くの保育園に足を運び、見学しましょう ●夫婦で、保育園選びの基準や方針を話し合いましょう ●保育園以外の保育手段についてもリサーチしておきましょう ●入園できない場合にはどこに預けるのか、シミュレーションしておきましょう ●無認可保育園では入園待ちしているケースも。先に申し込みだけでもするとよい場合もあります
12月	初旬 中旬 下旬	↓	
１月	初旬 中旬 下旬	↓	●一時保育やベビーシッターなどを利用して、親子ともに慣れておきましょう ●病気のときの対応方法について情報収集をしましょう ・病児保育 ・病児シッター ・両親　など
２月	初旬 中旬 下旬	結果発表	
３月	初旬 中旬 下旬	事前説明会、健康診断、園長面談など	●上司に連絡し、保育園についての報告と、復帰時期についての相談をしましょう ●復帰前に子連れでオフィスに挨拶に行くのもお薦めです
４月	初旬 中旬 下旬	登園開始／慣らし保育開始 ↓ 通常保育へ	●復帰後に向けて生活リズムを整えていきましょう ●入園のために必要なものを準備しましょう

「おじいちゃんおばあちゃん」は愛情たっぷりに育児に関わってくれる大きな味方ですが、妻が自分の実家を頼り過ぎるあまり、夫が疎外感をもって育児に関わりにくくなってしまった、といったことも見聞きします。ものごとには必ず正負の両面があることを踏まえ、まずは**夫婦でどう育児にあたっていくのかをきちんと話し合ってみましょう。**

「教育投資」は焦らずに

子どもが生まれると、あっという間に習い事や教育商材の案内がくるようになります。周囲の家庭の状況を見て、焦ってたくさんの習い事をはじめさせる家庭もあるようです。教育は家庭の判断によって行うべきものですが、そうしたものの費用対効果は慎重に見極めたほうがよいかもしれません。

親がよかれと習い事をはじめさせても、小さいときではきちんと身につくことは少なく、その反面で子どもが自らの意志ではじめたことは早く身につく、というのはよく言われることです。また、本当に教育にお金がかかるのは、高校・大学といった子どもが成長した段階のことなのです。本当に出してあげたいときにお金がない、という事態を避けるためにも、教育費用は長期的に考えることが必要です。

誰しも「子どもには自分が受けた以上の十分な教育を受けさせたい」と考えるでしょう。ただし、社会に出て、困難にぶちあたりながら、人生を切り開いていくのはその子自身ですから、困難を乗り越え、道を切り開ける力こそが重要なはずだと思います。子どもは得意なことで活躍したり、リーダーになる経験をもったりすることで、「自分はできる」という気持ちをもって社会に出られるはず。そのための「気持ちの支え」となる経験をどう積ませるかを、ぜひ気にかけてあげてください。

親、特に母親が子どもの教育に過剰に熱心になるのは「子どもを立派に育てることが夫や周囲から認められる方法だ」と感じていることも多いように思います。「社会的に認められていない」という不安が「立派に子育てをしないと自分の存在価値がなくなる」と思い詰めることにつながります。

パートナーが「子どもの教育に過剰に入れ込んでいる」と感じたときは、そのことを責めるのではなく、**まずはパートナーを認める**ことを心がけてください。言葉でも態度でも、「相手を愛していること・大事に思っていること」「相手のする仕事や家事の価値を認めていること」を表してください。「認められている」「自分は自分のままで大丈夫なのだ」という確信は、子どもにとっても大人にとっても、心身とも健康に生きて行くために不可欠なものなのです。

飲み会からホームパーティへ

結婚や出産をすると、「接待や飲み会に行けなくなる」という心配ごとをよく聞きます。お酒を入れた夜の時間のコミュニケーションはビジネスには欠かせないものだから、それができなくなれば仕事の成果も下がってしまうだろう、と言うのです。

確かに飲み会をはじめとした「お付き合い」がビジネス上のポイントになることはあるでしょう。私もいつもと違う場でコミュニケーションをとることが人間関係をつくることを実感しています。でも、それが「飲み会でなければならないか」と言われれば、疑問もあります。私はもともとお酒が飲めないために、出産する前からいわゆる飲み会に出席することは少なく、出産後はさらにその機会が減りました。

そんな私が活用しているのが、**ホームパーティ**です。招く人はさまざま、会社の社員を呼ぶこともあれば、仕事相手の方をお呼びすることもあります。変わったところでは、女性ばかり七人が集まって新しい商品を企画する集まりももう一〇年続けています。この七人、会をはじめた頃は全員独身でしたが、だんだんと結婚したり子どもが生まれたりと変化があり、妊娠・出産・育児・家の購入など、生活の知恵をシェアする場にもなっています。

日本ではオフタイムの集まりが「外・夜」ばかりになってしまいがちです。飲み会では相手のバックグラウンドまではなかなか見えませんし、続けば出費もかさみます。夜遅くなれば家族との時間が削られ、お酒ばかりで睡眠不足の日常は体調の悪化にもつながります。夜の飲み会の何回かを「内・昼」のホームパーティにしてみることで、家族も自然に参加することができますし、適切な時間に終わります。

父親になった！

駒崎

「子どもは重し」ではない

「今までのようにやりたいことができなくなる……」

男性には「子どもをもつことは人生の重しとなる」という面が強調されて伝わっているきらいがあります。しかし、僕は実際に子どもが生まれてみて、それが物事のほんの一面だけを捉えた考え方であることを実感しました。

子どもが生まれてみると、確かに以前のように好きに飲みに行ったり、一人で気軽に土日に出かけたりはできなくなりました。言葉を話せない乳幼児は両親がつきっきりで見守らなければなりませんから、妻との連絡もこれまで以上に密にしていくことが必要になりました。でも、こうした生活は、以前に考えていた「何もできなくなる」「拘束されてばかりになる」といった感覚とはまったく違ったものでした。

前述のように二カ月の育児休業を経て仕事に復帰した僕は、ずっと子どもに合わせた生活を送っています。具体的には朝五時半に起き、七時までの一時間半を使って一人で集中する仕事をこなします。早朝のこの時間はメールやＳＮＳ上のやりとりも少なく、静かでとても集中できることがわかりました。七時からは朝食をつくり、家族で食卓を囲みます。その後再び仕事をして、九時くらいに家を出てオフィスに向かう、という流れです。一八時には仕事を終えてオフィスを出て、一九時過ぎに家に帰り、家族で夕食を食べ、風呂に入って二二時半には寝る、というのが一日の基本の過ごし方です。

二二時過ぎには寝たいので、飲み会にはほとんど出ないか、出ても途中で帰るようになりました。「人と会って話す機会が減って、情報が入らなくなってしまうのでは」と心配していましたが、その分を朝食会やランチミーティングに切り替えることで、今のところ仕事にも友人関係も問題は起きていません。お酒の入った席では冗長になりがちな話も、朝食やランチという限られた時間で話すことで密度が増すようになりました。

僕の場合、子どもをもつことは自分の生活改善のためのとてもよい機会となり、仕事上でも役立っています。もちろん子どもの存在自体もとても大切なものですし、**子どもをもつことで失うものなど何もない**、というのが率直な感想です。

観客から「プレーヤー」になろう

「子どもが生まれてから、妻は子どもにかまってばっかりなんだよね……」

そう言ってグチる男性がいます。でも、そう感じるのは、その人が「子育て」という面白い「新規事業」に参加していないからではないでしょうか？　妻が子育ての話ばかりするのは、それがとても楽しくて夢中になれるものだからでしょう。だったら、夫もどっぷりそれに参加してみればいいと思います。サッカーだって野球だって、いちばん楽しいのは見ているだけの観客よりもやっているプレーヤーのはず。子育てもプレーヤーになることで、俄然面白くなるものなのです。少し上の世代の方で、「いざというときこそ出ていって、子どもに生きる道を示すことが父親のあるべき姿だ」とおっしゃる方がいますが、それは裏を返せば「ふだんは何もしない」ということでしょう。でも、よくよく考えれば、ふだん何も練習していないプレーヤーが試合で結果を出せるわけがないのです。

僕は、**育児は「日常がすべて」**だと思っています。

たとえば、小室さんが触れていた出産直後の時期。この二、三カ月は昼夜を問わず数時間おきの授乳やおむつ換えに対応しなければなりません。睡眠時間も削られるため、出産後で体力が回復していない女性は体力的にも精神的にも参ってしまうことがあります。夫は子どもの世話だけではなく、それまで妻が担当していた食事、掃除などの家事を担うことで妻の負担を軽くし、育児を助けます。僕は夜中の授乳当番を担当して、番人のように子どもが起きるたびにミルクをあげていましたが、妻はまとまって寝られるだけでも昼間の育児に対する心のゆとりができたようでした。

ミルクをあげ、おむつを替え、お風呂に入れる。育児はそんな地道な毎日の積み重ねです。そうした「ふだんの練習」をこなしていない父親が「いざというとき」に力になるなんてことはあり得ない、と考えます。僕は地道な作業を厭わない、実力派のプレーヤーを目指したいと思います。

「イクメン」をどんどん使おう

二〇〇九年に改正された育児・介護休業法では、「父母がともに育児休業を取得」することで休業期間を二カ月間延長できる「パパ・ママ育休プラス」制度ができました。

ここでいう「父母がともに育児休業を取得」する場合とは、父母が同時に育児休業を取る場合だけでなく、父母が交代で育児休業を取る場合も含みます。この法令改正の大きな目的の一つは「父親の育児を促進する」ということです。

この制度のポイントは育休の期間延長だけではありません。

- 母親の産後八週間以内に父親が育児休業を取得した場合は、その後再度休業を取得することが可能に。
- これまで、労使協定により専業主婦の妻をもつ夫を育児休業の対象外にすることが認められていたが、これを禁止した。

これらのポイントにより、すべての男性に育休の門戸が開かれたのです。このように国の政策レベルでも男性が育児をしやすい工夫がされているのですから、積極的に利用し、男性はどんどん「イクメン」になってほしいと思います。

育児に積極的にかかわる男性を指すこの「イクメン」という言葉は、厚生労働省が中心となって二〇一〇年からはじめた男性の育児参画を進めるキャンペーンのキーワードです。小室さんも僕もこのキャンペーンの推進役となっていますが、ここで使われている「イクメン」というワードに関しては、「わかりやすい」という評価の一方で、「男性の育児という当たり前のことを特別視している」「イクメンという言葉がチャラい」「子どもと遊ぶなど、育児の楽しい面だけを選んでアピールしている」といった批判的な意見もあるようです。

ですが、僕としては、多少の誤解や浮ついたイメージが伴っていたとしても「イクメン」という言葉がどんどん広まってほしいと思っています。**どんなムーブメントも最初に言葉ありき**です。「地球環境保護」という堅い言葉の代わりに、人口に膾炙《かいしゃ》しやすい「エコ」という言葉が広まったからこそ、環境保護の概念が浸透し、その後の数々の環境保護政策も受け入れられたのです。

「イクメン」という言葉が浸透することで、男性の育児参画に対する議論が広がり、ようやくその流れが社会に定着するはずだと期待しています。

僕は学生のときに塾の講師のアルバイトをしていたことがあります。そのとき気づいたことは、「成績が伸び悩む子には共通点がある」ということでした。僕の感じたその共通点は子どもではなく、子どもの勉強や進路に過度に干渉してくる親にありました。そうした親は子どもが「優秀といわれる学校」に進学することにこだわり、頻繁に塾へクレームを入れてきます。そうした経緯をずっと見てきた子どもは勉強自体が嫌いになり、やがてドロップアウトしてしまうのです。親の過干渉は「自分でできる」という子どものプライドを傷つけます。こうした親は母親である場合が多く、父親が育児にあまり関わらない家庭が多く見受けられました。母親の孤独な育児は、子どもが大きくなってからも続き、子どもの未来に関わるリスク要因となるのです。

こうしたことを避けるためには、とにもかくにも夫が自分なりに子育てに関わること。ふだんから夫婦に会話があれば軌道修正が可能になるはずです。子育ては長く続くもの、男性が「イクメン」になってきちんと育児を担うことは、妻の子育てをラクにするといった意味に留まらず、**次世代を担う子どもたちの人生に大きな影響を与える**はずです。

育児休業は「サバティカル」

小室さんはいつも「女性にとっての育児休業はスキルアップのチャンス」とおっしゃっていますが、僕は自分が育児休業をとってみて、**「男性にとっての育児休業はサバティカルだ！」**と感じました。

「サバティカル」というのは、アカデミズムの分野で使われる言葉です。どんなに優秀な研究者でも何十年も同じ分野の研究をしていると、知らず知らずのうちに限られた視点でしか物事を見られなくなってしまうと言います。そのため、専門分野の研究に没頭することから離れ、新たなアイデアや視野の広がりを得るためにまとまった休業期間を取ったり、まったく別の分野について研究したりするわけです。新しい発想や斬新な物事の見方が業績を上げるために必要とされる研究者にとって、サバティカルは馴染み深いものなのです。

このサバティカルの概念は、今後はビジネスパーソンにも必須のものとなっていくでしょう。同じ生活パターンを繰り返し、同じ仲間と同じ組織で仕事をしていれば、その狭い範囲の「常識」で物事を考えてしまうようになるのは誰でも一緒です。今、サバティカルという考え方がビジネスの領域でも重要になっているのは、あらゆるビジネスパーソンに新たな価値創造、つまりはイノベーションが求められるようになっているからです。

これまでは、日本経済を引っ張ってきた製造業を中心に「よりよいもの」を「より安く」つくっていれば確実に利益が上がる時代でした。今日は昨日の延長にあり、出来上がったシステムを洗練していけば、確実に売れる製品・サービスを生み出すことができたのです。ですが、そうした日本の勝つための方程式はとうに通用しなくなっています。同じ製品・サービスをつくるだけならば、人件費の安い新興国に勝てるはずがありません。同じやり方を繰り返しても利益の上がらない時代になっているのです。

これからの時代は、これまでにはない、新しい付加価値を生み出さなければなりません。日本でしかできないもの、自社でしかできないものがなければ、世界中を相手にした競争には到底打ち勝てないのです。そうした新しい発想のためには、強制的に自分の立ち位置を変え、さまざまな視座を自らのうちに取り込み、新たな人間関係や生活スタイルに自らを開いていかなくてはなりません。
こうしたときに効くのがサバティカルです。とはいえ、一般のビジネスパーソンが数カ月から数年にわたって職場を離れるということは、現状では留学でもしない限り難しいことでしょう。そんななか、育児休業は自分の固まった価値観から離れ、狭くなった視野を広げるための大きなチャンスになり得ます。

僕自身、子どもをもつことによって、社会を「子どもたちが存在する世界」として見るようになりました。子どもを抱きながら、「この子が大きくなったときに、自分はどんな仕事をしているのだろうか」と考えます。この子たちが育つ社会のためにどんなことができるだろう。一〇年、二〇年というスパンでどのような仕事をなし遂げるべきなのか。がむしゃらに駆け続けるだけだった足をいったん休ませ、行くべき方向を確認することができた育児休業は、僕にとってさまざまな収穫をもたらしたのです。

子どもはコミュニティづくりの「武器」である

育児について考える上では、「地域コミュニティ」についても考えざるを得ません。子どもは地域に根ざして育っていくものだからです。以前の地域コミュニティは、ずっと同じ土地に住んでいる、幼い頃から知り合いの人同士が成り立たせているものでした。しかし、都市部を中心に人の流動性が高まり、自由なところに住むことができるようになっています。住んでいる地域とつながりはなくても特段困らない、というのが当たり前の状況になっています。

ですが、これからはそう言っていられません。育児や教育問題はもちろんのこと、今後大きくなっていくだろう介護問題も、とうてい国や行政の力だけで解決することは不可能になっています。周囲の人と協力し合って、自分たちの問題を自分たちの手で解決していかなければならない時代になっているのです。

僕たち、「これからの親世代」はこうした状況を踏まえて「地域コミュニティをつくり出す」という発想をもたなければならないでしょう。コミュニティは、勝手に発生するものではなく、「自ら関与して、つくり出さなければならないもの」になっているのです。時間と手間をかけ、生み出し、身近な問題を解決していく……、そんな新しいコミュニティが必要とされる時代を我々は生きているのではないでしょうか。

育児の先輩である小室さんは、新しい大規模マンションエリアにお住まいです。新規住民ばかりで知り合いもあまりいないとき、小室さんは保育園で知り合った親を招待してお子さんの誕生日会を開いたそうです。そこで父親たちが知り合い、フットサルチームをつくって活動するようになった、というのです。今では子どもたちもフットサルに参加したり、お互いに子どもを預け合ったりしているそうです。

特に印象的だったのは「パパたちは、このコミュニティづくりを自分たちのためにやっているんじゃないんです。もちろん、自分たちも楽しんではいるんだけど、最終的には子どもたちのためだと思ってやっている。今、自分たちがコミュニティをつくっておくことが、この子たちのためになるはずだと」という小室さんの言葉でした。

会社で働いていれば、多かれ少なかれ、「自分の居場所と役割」は用意されていることでしょう。でも、地域のなかにあなたの「居場所」はあるでしょうか？　ゆっくり周りを見渡してみましょう。地域にはいろいろな人がいます。サッカーがうまい人もいれば、ピアノが得意な人もいて、絵が上手な人もいることでしょう。そうした隣人の人となりを、あなたはどれだけ知っているでしょうか？　そうしたいろいろな人がいて地域社会が成り立っている。一歩踏み出してみればそのことがわかるはずです。

地域に新しいコミュニティを手に入れるにあたって、子どもの存在は大きな「武器」です。知らない人のホームパーティに参加することには抵抗があっても、同じ保育所に通う子どもの誕生日会であれば、「子どものため」という理由付けがあるので、比較的気軽に参加できるのではないでしょうか。また、各自治体が開催する「父親講座」なども数多くあります。子どもをきっかけにしてできはじめた地域のコミュニティから、きっと**新たな自分の居場所と役割**が見つかることでしょう。

リアルの場では機会がなくても、ミクシィにツイッター、フェイスブックなどさまざまなネットのツールがあります。こうしたものも上手に使って、新しいコミュニティをつくっていきましょう。

早期教育よりも土台づくり

小室さんが触れていたように、子どもが生まれてから受け取る早期教育の案内の多さは驚くほどです。「ネイティブのように英語を話すためには、脳の言語野の発達が止まってしまう五歳までに教育をはじめましょう」といった触れ込みの文句を見ると、そこから僕は、自分と同じ子どもに関わる事業者が仕掛ける「不安のマーケティング」を読み取ってしまい、疑問を感じます。

繰り返しになりますが、保育園を経営し、発達心理学の基礎を学んだ人間として、僕は子どもが幼い時期に親がまずすべきなのは、「自己肯定感」と「自己効力感」をもたせることだと考えています。お金をかけて外国語の教材を買ったり、やりたがってもいない習い事をさせなくても、親子で話したり、一緒に食卓を囲んだりといった時間こそが大切だと思っています。僕が新しくはじめた保育園事業でも、技能の注入ではなく、人格の基礎的な土台づくりに注力する方針を打ち出しています。

こうした考えは、保育理論だけでなく、ごく個人的な経験も踏まえています。

僕が高校生のとき、アメリカの小さな町に留学したときの話です。

同じ時期に留学した同級生のなかにニュージーランド人の学生がいました。彼女にとって英語は母国語なので、町の人たちとふつうに話ができます。一方の僕は、英語は片言、身振り手振りを交えて必死に伝えることしかできません。でも、ニュージーランド人の彼女はなかなか地元のコミュニティに溶け込めない様子、一方の僕は英語は苦手なままでも、町を歩くと地元の人が笑顔で声をかけてくれるようになりました。日本でそんな経験はなかったので、不思議に思ってクラスメートに「なんでみんな僕にいい感じで話しかけてくれるんだろう?」と聞いてみました。すると友人は「キミはこんな田舎町でも何でも面白がるし、何でも挑戦しているだろう。それに比べてニュージーランドから来た子は『自分の住んでいる町に比べてあれがない、これがない』と不満ばかり言うからね」と言ったのです。

このことから僕は、海外の人とコミュニケーションをとるためにいちばん大切なことは、相手のことを知りたいという好奇心や行動力、そして少しぐらい言葉が通じなくてもめげない強い心であり、語学力そのものは二の次だということを感じました。外国語を習得する以前に必要なのは、発音が悪くて恥をかいても「オレの発音が悪かろうがオレ自身はイケてる!」という、**強力な自己肯定感をもつ**ことなのではないでしょうか。

乳幼児期は、人間の「OS」をつくるような時期です。人間の根幹をつくり上げるべき時期にもかかわらず、その上にくるアプリケーションのようなものにお金をかけなくては、と不安に思う必要はありません。さまざまな事業者が「不安のマーケティング」で売上を伸ばそうとしますが、英語をはじめとした習い事は、子どもが自分でやりたいと言い出してからでも遅くはないはずなのです。

妻の復帰支援で夫ができること

妻が育児休業を終え、職場復帰をすると、いよいよ共働き夫婦は正念場を迎えます。夫は妻の育児モードから仕事モードへの切り替えを支えることが求められます。

職場復帰前には、二人で子どもの送迎や家事などの分担をもう一度見直してみましょう。僕の周囲を見ると、「父親が送りで母親は迎え」などの分担をするケースが多いようです。また、保育園の入園説明会には多くの男性が出席するようになっています。

さらに、メンタル面での配慮も大切です。経営者の目線で育児休業から復帰してきた職員を見ていると、「仕事も家庭も完璧にやらなければ」という気持ちと、仕事の感覚が戻らない焦りから、以前より余裕なく仕事をしているのを感じます。もちろん、「はじめはゆっくり働いてね」と声をかけていますが、上司や同僚に加え、家族からもそうしたアドバイスがあると、気持ちが張っている女性はほっとできるのではないかと思います。ぜひ、妻に「焦らないで」「ゆっくりやっていけばいいはずだよ」と気遣いの言葉をかけてみてください。

小室さんも触れていたように、現在、大都市の保育園事情は大変厳しいものになっています。通える範囲のどの園にも入れないと嘆く家庭が多い状況で、ここは行政をはじめ、各団体が連携して急いで改善を図らねばならないところです。ただ、強く言いたいのは、認可保育園に入れないからといって働くことを諦めないでほしい、ということです。認可保育園以外にも、民間企業やＮＰＯが経営する認可外保育園、保育ママ等、子どもを預かるサービスは多々あります。もちろん、こうしたサービスは認可保育園と比べて多額の費用がかかる場合が多いことも承知していますが、保育園に預ける期間はいっときです。大変な状況にいるときは、その時間が永遠に続くように思ってしまうものですが、子どもは驚くほど早く大きくなっていきます。子どもを預けなくてはならない期間には必ず終わりがくるのです。

保育園に入れなかったり、預けた子どもが病気ばかりしてしまったり、子どもが幼いうちは「本当に働き続けられるのか」「働き続けていいのか」と逡巡する方（特に女性）が多くいます。でも、ここで仕事を辞めてブランクをもってしまうと、復帰後同じような条件の仕事を見つけられる保証はありませんし、働き続けていた場合に比べ、キャリアの断絶が発生することで所得が落ちてしまうことも多々あります。だからこそ、僕のやっている病児保育事業も含め、**託児のための費用は働き続けるための「投資」**だと捉え、そうしたサービスを上手に使いながら、仕事と育児の両立を実現して頂きたいと思うのです。

小規模保育こそ待機児童の処方箋

「保育園が見つからないから、仕事を続けられない」という声を聞くと、本当に悲しく悔しい思いになります。都市部では、待機児童の問題が解消されていません。僕もこの問題を何とか解決しようと活動していますが、道はまだ途上です。「保育園に入れるだけありがたい、選べるような状況ではない」とおっしゃる方も多いかと思います。

ですが、僕は待機児童の問題は必ず解決できるものだと確信しています。待機児童問題は人がつくった問題ですから、人が解決できるのです。行政が保育園の設置基準を緩和し、やる気と経営能力のある団体の参入を促進する。国が本気を出せば、この問題は五年もかからず解決できるはずです。待機児童をなくすことで女性が働き続ける環境ができ、それによって生み出される経済効果がどれだけ大きく、これからのこの国にとって必須であるか、それをきちんと訴えていきたいと思っています。

参考として各国の託児事情を少し見てみましょう。

アメリカでは、最低限の社会保障制度（セーフティネット）が貧弱で、すべてのサービスが市場に委ねられているため、居住地域や経済状態によって託児にも大きな格差が生じる危うさがあるようです。ジュリア・ロバーツが主演した映画、「エリン・ブロコビッチ」には、主人公が働こうとしたときに、預け先が劣悪なベビーシッターしかおらず、「それでも預かってもらえるところがあるだけでありがたい」と言うシーンがありました。

日本が学ぶべき国はほかにあります。フランスでは、国を挙げて出生率の向上を目指しています。その施策のなかには、小規模の保育施設や一般人が認定を得て子どもを預かるという保育ママ制度があります。地域の女性の声を取り入れながら、手厚いグループ保育を実現しているのです。スウェーデンでは、地域コミュニティや村や町がその地域にあった保育園を自由につくれる制度があります。ここでは「親立保育園」、つまりは親たちが力を合わせて保育園をつくることさえできるのです。

フランスとスウェーデンから学ぶべき**キーワードは「小規模保育」**です。現在の日本の保育行政の問題は公立保育園の規模が一〇〇人程度と大きいことです。今、日本は地域ごとの年齢層の変動が大きく、ニーズも変動しやすい状態にあります。大規模マンション建設や景気状態によって、保育ニーズは大きく変わるのです。しかし、施設が大規模になると撤退が難しく、定員割れの園がコストをかけて維持される一方で、ほかのエリアでは待機児童が増えていく、という矛盾が起きています。さらには、大きな流れとしての少子化は避けられないところです。こうした状況のなか、多額のコストをかけて従来型の大規模保育園をつくるのは、あまりにもムダが多い施策だと言わざるを得ません。

こうしたなかで求められるのは、小規模で小回りの効く保育サービスです。法的整備を重ねてこうしたサービスが展開しやすい土壌をつくっていくべきでしょう。託児施策の先進的な国のよいところを組み合わせ、借金大国でもできる日本独自のベスト・プラクティスを目指さなくてはならないのです。

皆さんも社会の一員として、声を上げてほしいと思います。

コラム　「ヌリカベ夫」は即やめよう！

Jさん：（三五歳・メーカー・男性）

生まれて三カ月の子どもがいます。妻は現在育児休業中で職場復帰をする予定です。ただ、私は子どもを保育園に預けることに心から賛成できずにいます。子どもは幼稚園に上がるくらいの年齢までは母親のもとにいるべきで、一歳やそこらで預けるのはかわいそうなのではないか、と思うのです。また、妻が「たまには子どもを預けて二人だけで出かけたい」と言いますが、子どもの面倒を見ることが母親の仕事だと思います。そのために休みをとっているわけですし、子どもが可愛くないのかと心配になります。

駒崎　うーん。こういう妻の行く手を阻む「ヌリカベ夫」、いるんですよね。子どもを預けてかわいそう、と思ってしまう夫は、自分が預けられたことがないので、そう思い込んでいる場合が多いような気がしますね。

小室　「母親がずっと家にいるほうが幸せ」という固定観念はいろいろな情報からつくられていますよね。

駒崎　僕は両親が働いていて、学校から帰ってくると一人で過ごしていましたけれど、その時間はパラダイスでしたよ（笑）。それに、もし、Jさんの言うように保育園で育つことが人間形成に悪影響を与えるのだとしたら、保育園出身の僕や数百万人の日本人は「かわいそうな欠陥人間」ということになっちゃいますよね（笑）。保育所に預けても親が育てても子どもの発育には関係なく重要なのはその「質」である、という実証研究結果はアメリカの調査でも示されていますし（※）、児童心理学からも質の高い集団生活は人間の成長によい影響を及ぼすことは証明されているんですけどね……。

小室　Jさんのお気持ちもわからないではないですが、育児休業中だからといって奥様に二四時間子どもに向き合え、というのはやっぱり現実的ではないと思いますよ。

駒崎　「二四時間、母親が子どもを見ろ」と言う人には、「あなたは二四時間、休日なしに働き続けることができますか？」と問いたいですね。妻に育児を休む時間を与えないのは、マラソンでずっと走っている状態を強いているようなものです。僕も一時保育を利用して妻を映画などに誘うことがありますが、子育てから一時的に離れて夫婦で話すことは、リフレッシュのためにも方向性を合わせるためにも大切だと感じます。

小室　夫が「たまには育児を休みなよ」と提案すると、妻はホッとしますよね。それに、Jさんが育った時代と今では大きく環境が変わっていることも知ってほしいですね。

駒崎　ええ。かつては地域のコミュニティがしっかりとあり、専業主婦家庭が多数でした。ふつうに生活しているだけで、母親も子どもも顔見知りの仲間とコミュニケーションをとれるような環境がありました。でも、残念ながら、今の都市部ではそうしたコミュニティは機能していません。「母親だけで子どもを育てろ」ということは、コミュニティから断絶された環境で孤独な育児を強いることになりかねません。

小室　保育園や一時預けの託児サービスは、そうした家族同士をつなぐ、新しいコミュニティの場でもあります。私も保育園の「ママ友」から子どもの病気や近隣の病院の情報を仕入れて、本当に助かっています。ぜひ、そうした視点からも奥様と話し合ってほしいと思います。

※『保育の質と子どもの発達』（日本子ども学会〔編〕／赤ちゃんとママ社）

第5章

お金戦略

お金の話題にきちんと向き合う

小室

ワーキングカップルならではの家計戦略を

駒崎さんや私の親にあたる世代は、給料は全額母親が預かって管理し、父親がそこから一定額をもらうという「おこづかい制」をとっていた家が多いのではないでしょうか？私の育った家庭もそうでした。「お給料をもらってくるのはお父さんなのに、なんで、〝おこづかい〟をもらっているんだろう？」と子ども心に不思議に思ったのを覚えています。男性は収入にはあまり関心をもたず、家計はすべて妻に任せるのが潔い、という価値観が強かったという側面もあるのでしょう。

一方で、私たちの世代では共働き世帯が多くなっています。夫が妻に全額渡すという家計管理方法ではなく、お互いが自分で働いて得た収入をもちよって、家庭のために主体的に使う、というほうが自然になっています。

とはいえ、家計のやりくり術であれば雑誌などで始終特集されていますが、共働き夫婦がどのように家計を管理するかについてはあまり語られることがありません。お金の話題は親子や友人同士でもちょっと話しにくいテーマなのかもしれません。

そもそも、ワーキングカップルの場合は、お互いの年収や貯蓄額をよくわからないままに結婚してしまい、支出についてもあまり詮索をせずにそのまま過ごし、出産などの場面になって、ようやくお互いの財布事情を知ることも珍しくないようです。ですが、離婚など夫婦が深刻な危機に至る理由には、必ずお金の問題が潜んでいます。この問題を話し合い、考えておくのに早過ぎるということはありません。

不確定要素の多いこれからの時代、お金の話題は夫婦にとって避けて通れないものです。**お金についての戦略**をもってこそ、ワーキングカップルの強みを十分に発揮できるのです。第1章で紹介した「将来エクセル」を使って、ライフステージごとにどれくらいのお金が必要となるかを把握し、どのようにお金を使って貯めていくのかを、おおよそのところまでは決めておくことが必要です。

基本は公平な家計負担

共働きではあっても、夫婦のあいだで収入に差がある場合も多いでしょう。キャリアや職種、勤務形態、勤め先の業績などの要因だけではなく、休業や起業準備、留学など、ライフステージによっても収入の増減は生じます。そうした場合には、家計の費用をどちらか一方が集中して負担することも出てくるでしょう。

こうした事情は考慮するべきですが、**基本としては公平な分担**を目指しましょう。片方の年収が圧倒的に高いという場合でも、もう片方もきちんと家計の一部を分担する意識をもちます。「結婚したら同じ財布なのだから、どちらが出しても同じでは」と思われるかもしれませんが、お金の問題は心理的に大きな影響を与えるので、公平性を保つことに注意してみてください。

たとえば、マイホームの頭金やローンをすべて夫が負担した家庭では、共働きであってもなぜか妻が家事や育児をほとんど担当することが多くなる傾向があります。お金が理由となって夫婦間に上下関係が出るのは避けなければなりません。妻も自分名義の預金をもち、割合は低くてもローンを分担し、二人で家計を担っているという意識をもちます。特に長いあいだ支払う家のローンなど、家計のベースとなる費用をどちらか一方に委ね過ぎると心理的負担が大きくなり、転職のハードルが高くなったり長時間労働から逃れられなくなったりする一因ともなります。

では、夫婦の家計負担の割合はどうやって決めるのがよいのでしょうか。

我が家の場合は、前年の年収によって負担の比率を決めることにしています。これでお互いの収入が透明化します。夫が社会人になってから二年間ほどアメリカに留学をして収入が減ったときには私が生活費や家賃をほとんど負担し、私が起業して収入が減った時期には夫が負担割合を増やしてくれました。現在はほぼ半々の負担割合にしています。お互いの置かれた状態によって負担割合を柔軟に変えつつも平等な負担を目指す、というのが理想だと思っています。

Tips8 家計分担法あれこれ

全額一方負担型

夫または妻が全額を負担、もう片方は貯金するなど

費用項目別負担型

家賃は夫、食費と光熱費は妻、など項目に分けて負担する

共通財布型

夫婦双方が毎月決まった額を出し合い、一つの口座で管理する

※参考：『30代夫婦が働きながら4000万円の資産をつくる考え方・投資のしかた』
（平野泰嗣、平野直子／明日香出版社）

私のお薦めは「共通財布型」です。収入に比して分担割合を決め、一つの口座で管理します。夫婦が同じ目的意識をもって節約や貯蓄に励むことができる点が優れています。

「全額一方負担型」は心理的不公平感が強くなり、家計の負担をしていないほうは家事や育児を一手に担うことになりがちです。

「費用項目別負担型」は、光熱費を払っているほうは電気の消し忘れに厳しくなり、食費を払っているほうは食材費を削ろうとする、といったようにお互いのエゴが働きやすくなり、夫婦が共通の目的意識をもつことが難しくなります。

人生全体を見て計画を立てる

私が先日出演したテレビ番組では、「六〇歳で定年となり、その後の生活と介護が必要となった場合の費用を賄うためには、最低でも一人三〇〇〇万円の貯蓄が必要だ」という話題が出ました。これはあくまでも一つの試算であり、持ち家の有無や生活レベル、居住地などによって相当に違ってくるでしょうが、寿命が伸びた現代においては六〇歳以降にかかる支出のことをシビアに見積もっておく必要があります（次ページ、図13参照）。私たちは、生涯の支出金額を計算する場合、つい子どもが巣立つところを終点として設計しがちですが、子どもが巣立ったあとも三〇年、四〇年単位で人生は続くのです。

貯蓄にははじめやすい時期というものがあります。二〇代ではまだ収入も少なく目先のお金のことで精一杯でしょうが、三〇代になればある程度支出の範囲がわかって、やりくりするゆとりができてきますから、その時期に貯蓄をはじめてみましょう。私たちも「将来エクセル」のなかに月々の貯蓄目標額を一〇年先まで入れ、年収に合わせて徐々に上げていくようにしています。少額であっても継続すればお金はきちんと貯まります。はじ

図13 定年後にかけたい生活費の目安（月額）

夫婦二人で　22.3万×12（1年）×25年＝6690万円となる。

年金額・退職金を含める条件で算出

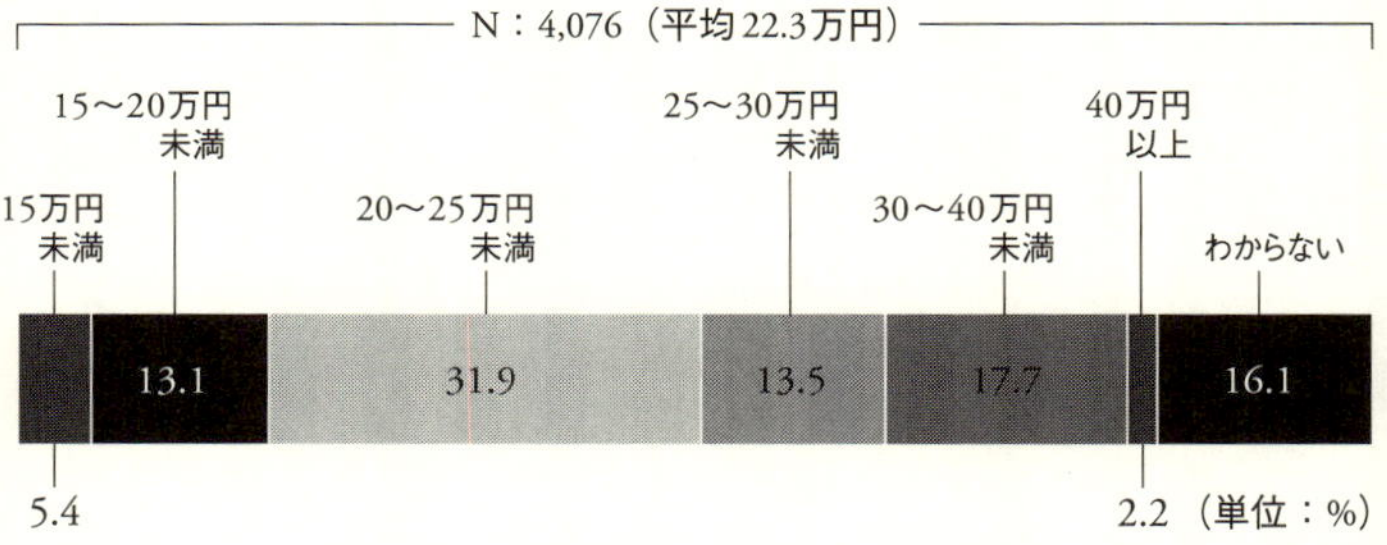

※生命保険文化センター・生活保障に関する調査（平成22年度）より

めはあまり無理をせず、生活に大きな影響がない金額からはじめ、一年後、五年後、一〇年後と貯める額を見直すなど、人生のステージに合わせて検討し直すといいと思います。

貯蓄はただお金を貯めることに意味があるのではなく、「将来、これだけのお金が必要になる」と早めに見極めて計画を立てておくことに意味があります。確かに収入が増えにくい大変な時代ではありますが、計画をもつことで必要以上に不安に陥ることなく、**人生を主体的に生きていける**ようになります。

「投資」はお金に限らない

「どの金融機関のどの商品を選ぶか」だけでなく「仕事に活かすためにどの資格を取るか」「どのスーツを買えば印象がよくなるか」……。私たちは広義の意味での「投資」を日々行って生きています。

しかし、日本においては、小学校・中学校・高校時代を通して、あまり「マネー教育」が行われていません。大学生になったとたん、危うい金融商品の投資や詐欺的な商法に騙されてしまったり、社会人になったとたん、独身者には多過ぎる保障内容の保険を契約してしまったり、という例を見聞きします。最低限のマネー知識があれば貯まっていたはずのお金が知らずになくなってしまうのは、本当にもったいない話だと思います。

投資をするのは、お金だけとは限りません。将来のために、「手元にある限りのある資源をどう配分するか」、それを考えるのが投資の意味です。特に意識したいのは、限られた時間をどう使うかという**「時間の投資」**についてです。これまで、私が困難に陥ったときに救ってくれたのは、それまでに出会った人たちとの縁でした。自分が生涯に渡って大事にしたい「人との縁に時間を投資する」という考え方も必要だと思います。

共働きこそが最大の投資

家計を安定させ、貯蓄を増やすためにもっとも確実な方法は、投資でも運用でもなく、**「夫婦とも健康でいて、きちんと働き続ける」**ことです。

内閣府のデータを見て驚いたのですが、「結婚を境にして退職し、その後パートで就労をする場合」と「育児休業を数回取って職場復帰して働き続けた場合」とでは、一人の女性の生涯賃金の差額は五〇〇〇万〜二億円にもなります（図14）。

長らく専業主婦世帯をモデルにしてつくられてきた社会保障制度も、序々に共働き世帯をモデルにつくり替えられています。扶養控除の廃止、保育所への補助金などの政策を考えると、今後は共働きでいる方が税制上有利な場面も増えていくでしょう。

夫婦で働き続けるためには、互いを尊敬し合い、家事、育児を上手に分担し、お互いのサポートをすることにつきます。

図14 継続就業による所得差は大きい

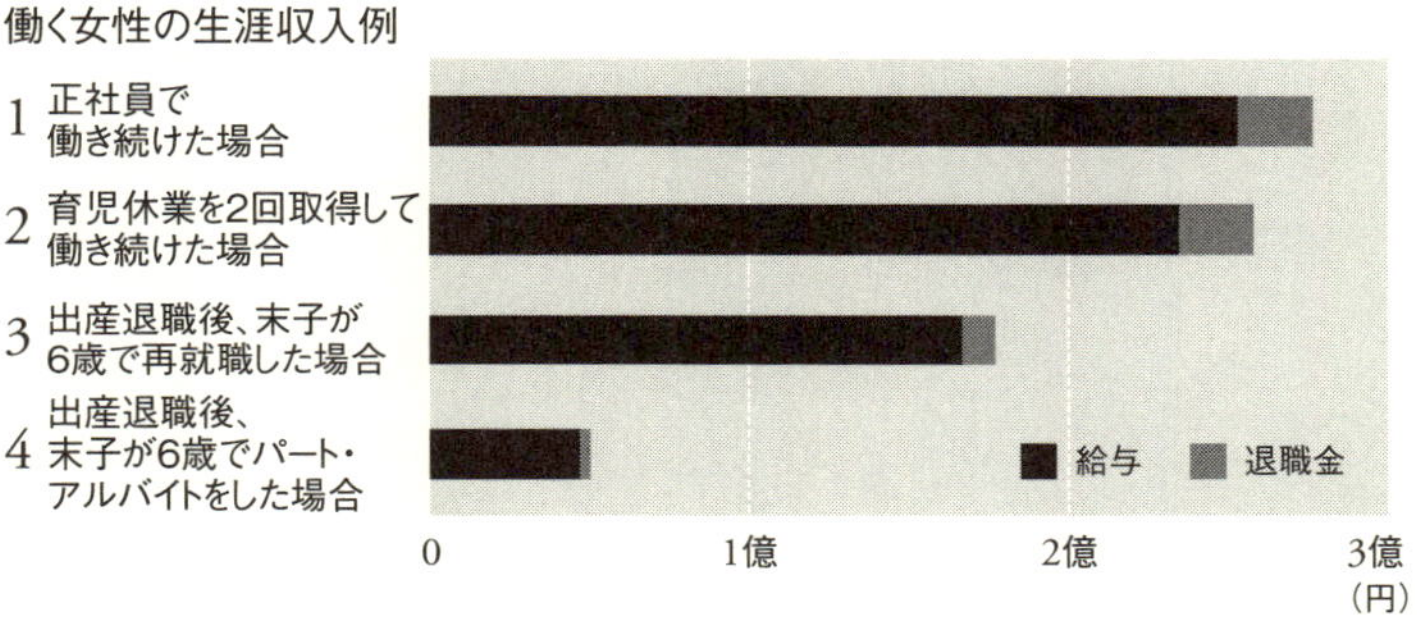

仕事を辞めるということは、約1億円から2億円の収入の機会を失うということでもある。新卒から定年までフルタイムで働き続けることは難しいとしても、なんらかのかたちで仕事に復帰できれば、総じて片働きよりも経済的に潤う

※内閣府・国民生活白書（平成17年度）より抜粋して作成

ある大企業の部長から伺った話が印象的でした。「僕は女性を管理職に登用する際には、本人の能力だけではなく、彼女の夫がどれだけ妻の仕事を尊重しているかを見るようにしているんです」というのです。

実際の話、女性の活用に長い経験をもつ会社ほど、こうした家庭のバックアップ態勢を見る傾向があります。仕事を続けるにあたって家庭の協力と支援を得られる人が伸びる、というのが企業側の現実的な判断なのです。

かつて専業主婦世帯が中心だった時代には、企業で働く男性が働き続ける上で家庭の協力を得られることは当然だとされていました。夫婦がともに働き続けるこれからは、世帯の収入を上げるためにお互いの仕事をどうサポートするか、という視点も必要になってくるはずです。

今、専業主婦の方も、「仕事をしたい」という気持ちをおもちであれば、ぜひ動きはじめて頂きたいと思います。長い目で見れば、女性が活躍する場は増えていく、というのはここまで何度も述べてきたとおりです。いきなり就職するのに「ブランクがある」と不安に思われるのであれば、まずはＮＰＯ団体のお手伝いなどの活動からはじめる、というのも一手です。責任を担い、仕事の勘を取り戻し、焦らずじっくりと夫と家事育児を分担する態勢をつくっていきましょう。「自分の活躍は社会に求められている」という自信をもって、一歩を踏み出してみてください。

男性にありがちなお金の問題

駒崎

「お金がないから結婚する」でOK

男性は、結婚を前に、お金の面でも、「貯金がないから結婚できない」「好きなようにお金が使えなくなる」というマイナス面を強調して考えることが多いようですが、そんなことはありません。共働きであれば、貯金ゼロから結婚生活をスタートしても、（高額な家賃の家に住まない限りは）家賃や光熱費は減らせるし、外食も減るなどで支出が減らせます。それまで貯蓄ができなかった人でも、二人で暮らすことで浮いたお金から貯蓄に回すこともできるようになるでしょう。

「結婚するなら準備資金として、数百万円貯めたほうがいい」というアドバイスをする人もいますが、僕はそれも現実的ではないと思っています。給与が上がらない今の時代、貯金の額だけを理由にして結婚を先延ばしにするくらいなら、さっさと**結婚して二人で貯金をはじめたほうが合理的**です。女性には「子どもを生むための年齢」という大きな生物学的問題がありますから、男性よりも時間というものをシビアに捉えています。よって、男性が結婚に対して本当に心配すべきことは、お金よりも迷っているあいだに過ぎる「時間」です。相手の女性とまず同期すべきなのは「時間感覚」なのです。

結婚までは勢いでいっても子どもは……、という方も多いことでしょう。確かに国際比較でも日本の家計における教育費負担割合は突出して高く、満足できるだけの教育をと青天井で考えていたら、千万円単位で費用がかかってしまうことも事実です。子どもが小さいうちであれば、周囲に声かけしてお下がりをもらうなどで対処できることも多いでしょうが、子どもが大きくなってからかかる教育費は、そうした「気合い」レベルで乗り切れるものではありません（次ページ、図15参照）。しかし、大学までずっと公立教育と決めたり、子どもに奨学金を使ってもらうなどの方法をとったりすれば、これらの教育費はずいぶん節減できることも事実です。子どもの存在は、夫婦がきちんとお金のことを話し合

図15 子どもの教育費はいくらかかるか

幼稚園から高校までにかかる費用(年額概算)

金額年額。学習に関する全ての費用を含んだもの。
幼稚園から高校まで全て公立=5,525,211円、
幼稚園から高校まで全て私立=16,631,448円となる。

(万円)

	幼稚園		小学校		中学校		高等学校(全日制)	
	公立	私立	公立	私立	公立	私立	公立	私立
学習費総額	22.9	54.1	30.7	139.2	48	123.6	51.6	98

学習費総額とは、「学校教育費」「学校給食費」「学校外活動費」をあわせたもの

※文部科学省・子どもの学習費調査(平成20年度)より

大学でかかる学費(初年度概算)

(万円)

	授業料	入学料	施設設備費	初年度合計
国立大学	53.6	28.2	—	81.8
私立大文系	73.7	25.6	15.8	115.2
私立大理系	103.7	27.2	19.0	149.9
私立大医歯系	296.9	101.0	100.2	498.0

※文部科学省・学生納付金調査(平成21年度)より

い、貯蓄をしていくためのよい契機となるのです。どこまで、いくらをかけ、何をとって、何を削るのか。見通しが立ちにくい世の中でどういう教育を受けさせ、何を伝えたいのか。そうした価値観のすり合わせをするためのよい機会にもなるはずだと思います。

デメリット多い「おこづかい制」

結婚している男性が「うちは『おこづかい制』だからさあ、自由にお金を使えないんだよね」と同じ境遇の男同士で嘆き、傷をなめ合う姿をよく見聞きします。でも、そうやって嘆く前に、おこづかい制について少し立ち止まって考えてみましょう。

おこづかい制に代表される「家計丸投げ」は、家計管理の点から言えば支出が一定になるために管理しやすい、というメリットがあります。自分で主体的に選び取ったおこづかい制であればかまいません。しかし、妻から強制されたおこづかい制は弊害も多いように思います。

▪妻との関係が固定化する

おこづかい制には、妻との関係が象徴されます。妻に決められたことに唯々諾々と従う、という態度を取りながら、「ウチの奥さんは怖い」と周囲に吹聴するのは、相手を持ち上げているようで実は貶めていることになるのではないでしょうか。きちんと相手と向かい合うことから逃げて、「怖い妻」というキャラクターを押しつけているのです。加えて、「ウチの奥さんは怖い」という表現は、実際に妻のキャラクターにも影響します。「ピグマリオン効果」（※）といって、人は期待された人間像に近づく傾向があります。「怖い妻」というメッセージを送り続けていれば、妻は無意識に夫をよりコントロールしようとするのです。怖い妻から逃れたいのならこれは逆効果でしかありません。

※ピグマリオン効果：キプロス島の王ピグマリオンが自らつくった彫像に恋をしてしまい、女神アフロ

ディテがその彫像に生命を与えて人間にしたというギリシャ神話から、主に教育学において「人は期待されたように振る舞う」ということを指す。

■ 投資の自由を制限される

あなたが「ほしい」と感じるものにはいろいろなものがあるでしょう。ちょっと我慢すれば事足りる「モノ」だけではないかもしれません。少し高い専門書や資格の取得のための受講料が必要になった場合、自分の将来のために行きたい場所ができたとき……、その費用がおこづかいの範囲を超えていれば、いちいち妻に支出の許可を取らなくてはならなくなります。交渉ごとにひと悶着あれば、だんだんと投資意欲が減退してせっかくの成長の機会を逃すことになるかもしれません。

おこづかい制やそれに類する家計丸投げシステムは、一度導入すると撤回するのは大変です。「お金の話をするのは気まずい」と考えなしに丸投げシステムを導入することはやめ、まずは、自分たちにとってどんなシステムがベストかという**対話を優先すべき**だと思います。

マイホーム取得を焦らない

結婚の次のステージとして「マイホーム取得」を当然のように目指す人は多いと思います。しかし、宅地価格が下がり続け、住宅の供給が過剰気味と言われている今の日本では、マイホーム取得を焦る必要はないと思います。それは次のような理由からです。

■借入額が巨額

マイホーム取得を当然とするのは、給与が上がり続けることを前提とした前時代の価値観です。以前は給与が上がり続けるだけでなく、不動産価格も上がり続けていましたから、早い時期に取得することはある程度まで理に叶っていました。ですが、そうした前提が崩れ去った今となっては、世帯年収の数倍の買いものをして、高い金利を払い続けることが合理的だとは言い切れません。もちろん、手元に豊富に現金があって、キャッシュで住宅を購入できる人であれば話は別ですが、多くの人は借入を前提として住宅取得を考えていることでしょう。しかし、企業会計で考えれば、年間売上高の数倍規模の投資をするなんて、よほどのことだと実感できます。

▪不確定要素を引き受けられない

将来の子どもの学校、転勤に転職、近所との関係……、将来がどうなるかわからない、という要素は多岐に渡っています。家を購入する、ということはそうした将来の不確定要素への対応を難しくする、という側面があります。

たとえば、庭のあるマイホームでゆったり子どもを育てたい、と考える人は多いことでしょう。しかし、子どもが生まれるタイミングでマイホームを購入すると、予算から言って郊外になることが多くなります。人口の増えている一部のエリアは保育園不足も深刻です。庭のある家があっても、長い通勤時間に遠い保育園となれば、いちばん大事な「子どもといる時間」が削られてしまいます。新築時は便利で快適な街でも、急激に人口が減少している日本にあって、ローンを払い終えた二、三〇年後にもその場所が便利で住みやすいかどうかについての保証はまったくありません。

家を購入するかどうかというのは、損得だけではない人生の価値観の一つです。ただし、「人生は不確定な要因が多い」ということだけは予想できるのです。「家を購入して住む場所を固定する」ということのメリット・デメリットは、冷静に比較検討しなければならないところでしょう。

マイホームがあれば幸福になるわけではありません。マイホームが幸せを象徴する時代は終わりつつあり、幸福のあり方は多様化しているのです。「マイホームを建てて一人前」という**消費マインドの強い自己実現の幻想**からは、そろそろ冷めるべきなのではないでしょうか。

幸せへの投資をしよう

小室さんが「老後のために必要な貯蓄」の話をされていましたが、こうしたベースとなるラインを知ることはもちろん大切ですが、僕としてはそれを踏まえた上で、「老後のために巨額の貯蓄が必要な国なんておかしい」とどうしても思ってしまいます。そうした恐怖をもって一生を過ごさなくてはならない社会は変えていくべきだと思います。公的年金やセーフティネットの充実など、人間の尊厳が守られ、国民が安心できる社会保障のあり方を早く確立すべきなのです。

「目指す社会のありかた」の一方で、個人にもできることがあります。それが、ずっと述べてきた「共働きを続けるために夫と妻が協力し合うこと」、そして「幸福への時間投資を怠らないこと」です。先の見えない時代においてもっとも必要なことは、どんな状況下でも「ありたい自分でいられる」「やるべきことをし続けられる」という主体性を確立することです。最低限のマネー知識ももちろん重要ですが、金融商品は日々移り変わるものなので、それらをきちんとキャッチアップしようと思えば大変な時間と労力が必要になります。その点、自分への投資であればいつでもはじめられますし、リスクも少なくて済むでしょう。

ここで言う「自分への投資」とは、英会話学校に通ったりMBA（経営学修士）を取得したり、ということばかりではありません。大切な友人に会いに行く、地域のフットサルチームに入って汗をかく、子どもと一緒にお菓子をつくる……、これらの体験を共有することで得られる幸せへの投資は、もっともローリスクハイリターンな投資だと言えるはずです。

さらに、起業家という僕の立場から言わせてもらえば、ベンチャー立ち上げは人生勉強を凝縮したような経験となるはずです。資金集め、経営、協力者集め……、自分の力量を知り、高める必要性を痛感する大きな機会となります。

今までの「自己投資」というものは、主に自分が生き残る、サバイブする手段、もしくは収入アップのための手段、という面が強かったと思います。僕はこれからの自己投資は、むしろ**「幸せためのの自己投資」**という側面が強調されていくと思います。単に収入のためではなく、広い意味の充足感や幸福を得るために働き、家族や友人、大切なもののための時間を使うこと、それがそのまま自己投資となります。幸せを得るためにはお金ではなく、時間こそが必要となる、そのことがもっと広く共有されるようになるでしょう。

「何をすれば成功か」ではなく、「何をすれば幸せか」に価値観がシフトしています。「成功」ではなく「幸せ」のために、僕たちは働き方を変え、**生きた時間**をつくり出さなくてはならないのです。

コラム

一人で家計を支えられるのか不安です

Tさん：（三三歳・食品・男性）

老舗企業に勤めています。一〇年前に入社したときは「絶対につぶれない」と言われましたが、業績は低迷しており、不安を抱えながら勤務しています。日々の仕事に追われ、転職に有利になるような資格の取得など自己投資の時間もとれずにいます。妻は正社員ですが、「子どもが生まれたら仕事を辞めたい」と言っています。自分ひとりで家計を支えられるのか、この先も会社は大丈夫なのか、とても不安です。

駒崎　まず、自己投資についてですが、「自分の収入がアップする」「会社で生き残る」ためだけのものではないことは、前に述べたとおりです。「時間がない」と思うのであれば、時間の使い方を少し変えるだけでも新たな発見があります。いつもより早起きをするだけでもちゃんとした自分への投資になりますよ。

小室　奥様が「子どもが生まれたら仕事を辞めたい」と言っていることが気になりますね。続ける自信がないということは、今でも仕事と家庭の維持で精一杯なのに子どもが生まれたらとてもやり切れない、ということだとすれば、Tさんにできるいちばんの「自己投資」は、家事の時間を増やすことでしょう。世帯収入を補うためのいちばんの投資は奥様に働き続けてもらうことですから。

駒崎　「子どもの送り迎えをどうするか」など、少し先の話をすることで、子育てを一緒に考えているという気持ちを表すことも大事です。もし奥様が完全に仕事を辞めてしまったら、それまで得ていた収入分を補うことは現実的にはかなり難しいでしょう。Tさんの過重労働と奥様の孤独な子育てという、新たな問題も発生しそうです。不安定な時代へのいちばんの対処法は夫婦で働き続けること。二人で生き方を共有し、Tさんも家事や育児にきちんと参画していける態勢を築きましょう。

小室　たとえば、奥様が仕事の話をしたときには意識的に「センスがいいね」などと言って、自信をつけてあげるような反応を心がけてみるとよいと思いますよ。

終章

ワーキングカップルを続けるために

ちょっとした知恵で職場を変える

小室

一人ひとりが「ワークライフバランス伝道師」

育児や介護の問題から、働き方を変えたいと考えても、組織の一人としてできることはあまりにも小さく、特に経営者を変えるといったことはとても難しいのではないか、と思われるかと思います。しかし本当は経営者を変えるきっかけは特別なことばかりではありません。数々の企業におけるワークライフバランス施策を支援するなかで接した事例をご紹介できればと思います。

■社内回覧作戦

結婚を控えたAさんは職場にワークライフバランスを広めたいと思っていましたが、上司がまったく理解を示しませんでした。そこで上司がいつも熱心に見ている役員からの回覧物に「ワークライフバランス関連の記事」のコピーをそっと追加することにしました。上司は「最近、ワークライフバランス関連の記事が多いのは役員の関心が高いからだろう」と判断し、自分も徐々に関心をもつようになりました。そのタイミングを見計らって、Aさんは上司に「なんで最近企業はワークライフバランスに積極的に取り組むんですか?」と聞いてみました。すると、上司は「そんなことも知らないのか」と言って説明してくれたそうです。Aさんは、「なるほど! 勉強不足でした。私も本などを読んでみますね」と受け、事前に入手していた関連書籍に付箋をたくさんつけて、後日上司に「勉強になりました! うちの職場にまさに必要な考え方ですね。感銘を受けたところに付箋を貼っておきました」と渡し、さらに知識の共有をはかりました。上司の知識が深まったタイミングで、別のメンバーが親の介護という問題に直面したこともあり、部署全体でワークライフバランスに取り組むことになったそうです。

経営者や上司に意見を伝えたい場合は真っ向から論破するのではなく、Aさんのように書籍や新聞記事などを利用するのも一手です。

■社内広報作戦

ワークライフバランス推進担当のBさんは、ワークライフバランスの取り組みにおいて、経営者との温度差を感じていました。そこで、Bさんは新年の社内報に掲載する対談企画として経営者と外部のワークライフバランスに関する識者との対談をセッティングし、対談のなかで経営者から「今年はワークライフバランスに取り組みます」という発言を自然に引き出すことに成功した、と言います。この発言が社内に広く発信され、管理職がこの対談の内容を読んだことで、その後の取り組みがずいぶんやりやすくなったということです。

■経営者登壇作戦

Cさんの働く会社では、経営者がワークライフバランスや育児支援施策についてそれほど関心をもっていませんでした。そこで、Cさんは人事担当者を巻き込んで、ある自治体のシンポジウムで経営者が「ワークライフバランス」「働き方の改革」といったテーマで話をする機会をつくってしまいました。自社のイメージ向上となるよう、経営者の方も必死にワークライフバランスについて勉強されたそうです。Cさんも原稿づくりやデータ集めをバックアップしました。実際に、そのシンポジウムはメディアにも取り上げられて大きな反響を呼んだため、経営者の方もさらに踏み込んだ施策実行へ行動を移したとのことです。Cさんのように、自治体や業界関連のイベントで経営幹部が発表する機会をつくることで、知識習得や外向けのアナウンス効果をはかることができます。発表の内容に目指す施策や数値目標を盛り込むことでアナウンス効果はさらに高まるでしょう。

▪プレスリリース作戦

Dさんの会社では、ワークライフバランスに取り組み、さまざまな施策を実施していました。ただ、「もう他社もやっていることだから」として、社内には告知されても外部への情報発信はわずかでした。広報関連の部署にいたDさんは、そうした施策の実施を目立つ見出しをつけたプレスリリースにして、外部にどんどん発信しました。数を打つことでメディアの注目も集まり、報道される機会が増えました。結果として、Dさんの会社はワークライフバランス先進企業として認知されるようになり、ますますワークライフバランスの取り組みが加速したそうです。さらに、Dさんは配布したプレスリリースをすべて自社サイトにアップしています。こうすることで、サイト検索に引っかかるため、ずいぶん時間が経ってから取材が申し込まれるケースもあるそうです。

これらのように、社員一人ひとりがワークライフバランス伝道師になることで、会社を、ひいては私たちの働き方を変えることができるのです。

介護はある日突然はじまる

カップルが直面する大きな問題に、出産、育児と並んで「介護」というものがあります。私も、先日義母が倒れ、夫とともに非常に動揺した経験をしたばかりです。幸い義母は回復しましたが、夫の実家では義母の入院中に家事が滞ってしまい、毎週末に夫と交代で手伝いに行くことになりました。育児と違って、介護は本当に突然やってくるということ、そして介護は病に倒れた本人だけではなく、その家族にも大きな影響を与えることを改めて実感し、これをきっかけに私自身もヘルパー二級の勉強をはじめました。

今後一〇年以内に団塊世代が要介護世代に突入します。その子どもである団塊ジュニア世代は兄弟姉妹が少なく、働きながら介護に直面する人が多数出ることでしょう。かつて、介護は専業主婦の方が担うことが多かったのですが、共働き世帯ではそうもいきません。今でも既に都市部における介護休業取得者の男女比は、女性六割に対して男性が四割ほどとなっています（東京都産業労働局・労働情勢月報）。突然の介護で仕事を辞めずに済むよう、個人としては介護についての情報収集と対策をしておく必要がありますし、企業の人事部は、社員に介護の情報を提供し、制度を柔軟に運用することが求められます。

今、働きながら介護を抱えている人にとっての大きな問題は、要介護者を一時的に預かるデイサービスが一六時半といった早い時間で終わってしまうケースが多いことです。これでは、夫婦どちらかが仕事を辞めて介護に専念せざるを得ません。今後団塊の世代に介護が必要になったとき、要介護者全員が入所できる二四時間対応介護施設をつくることは、国家予算の状況からしても現実的ではありません。私たち子ども世代は、親が倒れても、働き続けながら在宅で介護していくしかないのです。そのためには、デイサービスの対応時間を延長することなどが急務ですが、一方で私たち自身も定時で仕事を終われるよう働き方を変えていくことが必要になってきます。

二〇一一年に入ってから、私の会社への講演のご依頼内容のうち、「介護と仕事の両立セミナー」が非常に増えました。これは介護方法のセミナーではなく、「介護保険制度やヘルパー、地域行政の力を借りながら、どうやって仕事を続けながら介護をするか」という内容です。企業側が社員に告知すると数日で定員に達するほどニーズが高いようです。また、介護施設の検索や両立方法のロールモデル例を掲載したサイト「介護と仕事の両立ナビ」を立ち上げたところ、企業における導入ニーズが高まっています。

ワーキングカップルは年齢が高くなって子どもを生む傾向があるため、まだ子どもが小さいうちに親の介護がはじまる、という例も珍しくありません。育児休業制度の認知度は高くなりましたが介護休業制度についてはまだまだ知られておらず、ある企業においては介護に関する社員アンケートでもっとも要望が多かった施策は「再雇用制度」でした。つまり、介護になったら一度仕事を辞め、介護が終わったら再雇用してもらおう、と考えている人が多いのです。ところが、現実の介護は一〇年、二〇年続くことも多々あり、その間仕事を辞めてしまったら、収入が途絶えて生活費も介護費用も行き詰ってしまいます。つまり、介護は育児と違って、一定期間休業して専念するのではなく、仕事を継続しながら周囲と連携していく、という発想が大事なのです。

介護休業制度で認められている休業日は九三日。育児休業が一年であることに比べると短いと思われるかもしれませんが、この九三日間は「介護をするための休み」ではなく、要介護認定を取ったり、ケアマネージャーと相談して訪問介護の手はずを整えたり、介護施設もしくは入院先を決めたり、といった、「介護態勢を整えるための休み」として設定されているのです（回復後に再度要介護になると再び九三日まで取得できます）。

親の介護について考えることに早過ぎることはありません。夫婦間で、そのようなときどのように対処するか、お互いが仕事を続けながら親の入院や介護をどう乗り越えるかについて、早いうちから話し合ってみてください。要介護認定を受けるためには「地域包括支援センター」に問い合わせることが必要ですので、お住まいの地域のセンターの連絡先を調べておくなど、実際の情報収集もはじめてみましょう。

私の夫は育児をきっかけに料理をするようになり、現在では冷蔵庫にあるもので三〇分以内に夕食をつくれるくらいの腕前になりました。これで今回の義母の入院時に本当に助けられました。もし、私だけしか料理ができなかったら、私だけしか家事ができなかったら、必然的に私が夫の実家に通い詰めになり、仕事に多大な影響が出ることは避けられなかったことでしょう。「イクメン」能力は、介護の際にも発揮され、ここでもダブルスプレーができるのです。

そして、最後に。

日頃漠然と体調不良を感じている方は、早め早めに手を打つことを心がけてください。忙しいワーキングカップルは「体調が悪い」と感じていても病院に行っていない、というケースがよくあります。パートナーが体調不良だと言っていたら、「すぐに病院に行って」と背中を押してあげましょう。「仕事を休まねばならないかも」「収入が途絶えるかも」という気持ちが躊躇させていることもあるので、「心配しないで」と伝えることも大切です。

心身ともに健康で充実した状態であることは、家庭と仕事を充実させるためのもっとも基本的な要件です。

長いあいだ夫婦でいれば、天災や介護といった大変な場面が降りかかってくることもあるでしょう。でも、二人で働いて、二人で支えあえるワーキングカップルでよかった、と思うときがきっとあると思います。数々の難しい局面を乗り越えて、二人ともやり切った充実感とともに現役プレーヤーを引退し、二人で人生の表彰台に仲良く並ぶ、そんな夫婦でいられたら、と思っています。

コラム　職場の先輩の理解が得られません

Uさん：（二八歳・販売・女性）

私の職場は女性が多い職場で、女性の管理職登用もほかの企業に比べて進んでいます。仕事をしながら子どもを育て上げた先輩も何人もいます。私も出産して、育児休業を経て職場に復帰しました。ただ、子どもの病気などで遅刻や早退をしてしまうことが多く、そうしたときに先輩方は「私のときは生むときだけ休んですぐに復帰したのに」「休んだら仕事を持ち帰って深夜まで働いたわ」といった厳しい言葉をもらうことも。仕事と家庭の両立がしやすいと思って選んだ職場ですが、プレッシャーも大きく憂鬱な日々です。私が甘え過ぎなのでしょうか？

小室　社会的な環境が整わない時代に仕事と子育てを頑張ってきたパイオニア的女性は、Uさん世代を見て「恵まれている」と思うのでしょうね。

駒崎　確かに、子育ての先輩世代が今の子育て世代の後輩に対して厳しい、という話は聞きますね。僕自身、子どもを育てながら仕事を続けることが難しい社会をなんとかしたいと思ってきたわけなので、先輩世代の苦労はよくわかります。ただあとに続く後輩のことは応援してあげてほしいですね。

小室　実際のところは、先輩方も休むこともあったでしょうし、誰かしらの助けは借りていたと思いますよ。ただ、会社側の支援の少ない時代に覚悟をもって両立してきた自負をおもちなので、ついUさんに苦言を呈したくなるのでしょう。でも、それは単にコミュニケーションが足りないだけと思います。Uさんから少し歩み寄ってみてください。たとえば、先輩をランチに誘って、「今朝、子どもが熱っぽくて、病院に連れて行ったんです。こういうときはどう乗り越えてこられたのですか?」などと相談してみましょう。そして後日、「先日のアドバイスのおかげでこんな変化がありました!　ありがとうございます」と報告します。

誰しも自分を頼ってくる人に対しては力になりたいと思う気持ちがありますし、仕事で成果を出したいという覚悟が伝われば、厳しくされることもなくなると思いますよ。

Tips9　働き方を見直すサービス

・スリムタイマー……駒崎

http://slimtimer.com/
時間を効率的に使うためには、まず自分は何にどのくらいの時間を使っているかを把握することです。ここでは「スリムタイマー」というフリーソフトが便利。「メール」「企画作成」「報告書」など項目ごとにタスクをつくり、それぞれスタートするときと終わった時にボタンをクリックします。すると、それが累計され、それぞれのタスクに週単位、月単位で使った時間がわかるのです。この結果は共有することもできます。フローレンスでは業務の効率化を目指すツールとして取り入れて、スリムタイマーの使い方も解説しています。詳細は http://www.hata-revo.net/nouhau_jibun.html

・働き方チェンジナビ（はたチェン）……小室

http://www.work-life-b.com/hatachen.html
働き方を変えようと心がけても、一人で取り組んでいると、続けることも難しいでしょう。ワークライフバランスを実現したい個人のサポートを考えて私（小室）がつくったモバイルサイトが、「働き方チェンジナビ」（通称：「はたチェン」）です。一日の予定を立てる「朝メール機能」、一日の成果を振り返る「報告メール機能」のほか、一カ月の時間の使い方を分析して業務の効率化をはかるツールが用意されています。また、「帰るボタン」機能は、「朝メール」ボタンを押したユーザーのうち何人が帰ったかが表示され、職場が帰りにくい雰囲気でも、予定時間通りに帰ろう、という気持ちを支えてくれます。ドコモ、au、ソフトバンクの公式サイトからアクセスできます。

Tips10　父親の育児に役立つコミュニティ

・各地方自治体のサイトや広報紙

父親のための子育てセミナーや、父親と子どもで参加できる子育てサークルなどが実施されていますので、お住まいの自治体のホームページ、役所の子育て支援担当部署に問い合わせてみましょう。

・Fathering Japan（ファザーリングジャパン）

http://www.fathering.jp/index.html
父親の子育てスクールや会員による子育て悩み相談、育児休業支援、SNS など男性の子育てを様々な角度から支援する NPO 法人。小室、駒崎とも活動に協力しています。

・パパスイッチ（ニフティ）

http://papaswitch.nifty.com/
父親のための育児情報総合サイト。各種子育て情報をはじめ、父親の育児ブログを集めています。

・イクメンプロジェクト

http://ikumen-project.jp/index.html
厚生労働省による父親のための育児支援のサイト。育児休業制度の解説や、イクメンの体験談、イクメンサポーターの活動、父親向けの育児、ワークライフバランスなどのセミナー、イベントなどの情報を得ることができます。また、イクメン宣言の登録もでき、駒崎はイクメン宣言、小室はイクメンサポーター宣言をしています。

・ワークライフバランスファンページ（フェイスブック）

http://www.facebook.com/worklife
株式会社ワーク・ライフバランスが運営するフェイスブックファンページ。最近のワークライフバランスの動向や企業の事例、効率 UP のノウハウ、書籍情報などワークライフバランスの最新情報を発信しています。ワークライフバランスに関心のある一般の方も書き込めるようになっています。

サイトから寄せられた声

書籍製作中に、ニフティ（株）が運営する父親の育児サイト「パパスイッチ」（http://papaswitch.nifty.com/）において「ワーキングカップルの知恵」を募りました。サイト読者（すべて男性）からお寄せ頂いた声を一部抜粋して紹介します。

- まず、「なぜ共働きしているの?」ということを夫婦間でしっかりと共有することが大切。家族の 10 年後、20 年後、老後のことを夫婦間で話し合います。

- ITをフル活用。Google カレンダーでスケジュール共有、プライベート Wiki での情報共有、夫婦両方のメールアドレスに自動転送するためのアドレスの導入、両親や近い友達への近況報告用のプライベートブログの設置、共有。ToDo リストの作成、Skype（海外出張に行っても子どもの顔が見られる!）

- 妻と交換日記。ちょっとした連絡（飲み会で遅い日など）やケンカしたときに自分の気持ちを書いたりしています。

- とにかく早起きして朝にできるだけ家事をこなす。現在は5時起きで「洗濯」「食器の片付け」「自分の弁当づくり」「朝食準備」「玄関前掃除」などをしています。こういう作業をルーチン化してこなすのは女性よりも男性のほうが適しているのではないかと思います。

- 「食事」を大事にします。僕が 2 人分のお弁当をつくっています。2 人とも外食しているとお金もかかるし、栄養バランスも偏る。平日の夕食は妻、昼のお弁当及び週末のご飯は僕が担当しています。

- 朝、主に私（夫）が子どもを保育園に送り、迎え担当の妻に保育園に着いたときの子どもの様子や先生とのコミュニケーション状況を共有するためのメールを送る。

- 夫婦のあいだで干渉するところとしないところを明確にしておく。出費については財布から出るものは妻、引き落としされるものは夫、というルールにしています。

変化はコミュニティから生まれる

駒崎

今こそ「市民」について考える

「会社員はいるが、市民はいない」と言われている日本。確かに、企業の論理や価値観を共有した「会社員」はたくさんいても、地域社会には無関心でつながりも希薄なのは否めないでしょう。しかし、そんななかでも、第４章で触れたように、学校やスポーツなどをきっかけに、地域のコミュニティに参加して、地域の多様な人たちとの結びつきを取り戻そう、という動きがあります。先の東日本大震災でも、被災地の地域の助け合い、**地域コミュニティの力**が注目されました。

今こそ、長らく会社ばかりに縛られていた日本人が生き方を変え、地域にコミットし、「市民」という意識を取り戻すことができるのではないか、僕たち一人ひとりが地域に関わっていくことで、本当の民主主義を支える「市民層」を形成していけるのではないか、そう思うのです。

僕たちが**市民意識をもつ**ことは、企業にとってもメリットがあります。

たとえば、地域で子どもに関わっている人が、自分の勤める会社が開発途上国の子どもたちの労働搾取の上に利益を得ていることを知ったら、そのことに目をつぶっていられなくなるでしょう。これまで、企業におけるＣＳＲ（企業の社会的責任）活動は、法令遵守や環境保全といった概念に留まりがちでした。それが、市民の目線を獲得した社員が増えることで、それまで異議を唱えられることなく続いてきた事象に対して疑問が出されることが増えるでしょう。結果として、大きな不祥事や事故を起こすリスクを予防することにつながるはずです。

地域へのコミットが強まれば、行政への期待も変化します。以前のように住むところが「会社から帰ってきて寝るためだけの場所」であれば、地域行政への関心も低いままでしょう。しかし、子どもと参加している地域のスポーツチームなどを通して、自分のコミュニティに愛着が湧き、ひいては「グラウンドが足りない」「父親が参加しにくい」といったさまざまな問題に気づくはずです。そうなると行政の施策に無関心ではいられなくなるでしょう。地域の政策に関心をもつことは、選挙への関心と投票率向上につながるはずです。

行政について誰も何も言わない今の状態は、まるで株主不在で行われている株主総会のようです。地方自治体の施策については、まだまだ住民のチェックが足りていません。僕はある自治体の政策をモニターする委員をしていますが、たとえば、キャラクターショーに数百万円の予算がつけられているなどであ然とした経験があります。

ビジネスにおいて予算作成や実績評価を行っている皆さんが、そうした「常識的な視点」をもって、行政のやっていることをチェックして、建設的な批判をしてください。今、日本が抱える約一〇〇〇兆円にもなる借金（国債・地方債を合わせたもの）は、行政に関心をもたなかった僕たちが生み出したものだとも言えるのです。

図16 中小企業モデルのワークライフバランス(WLB)のイメージ図

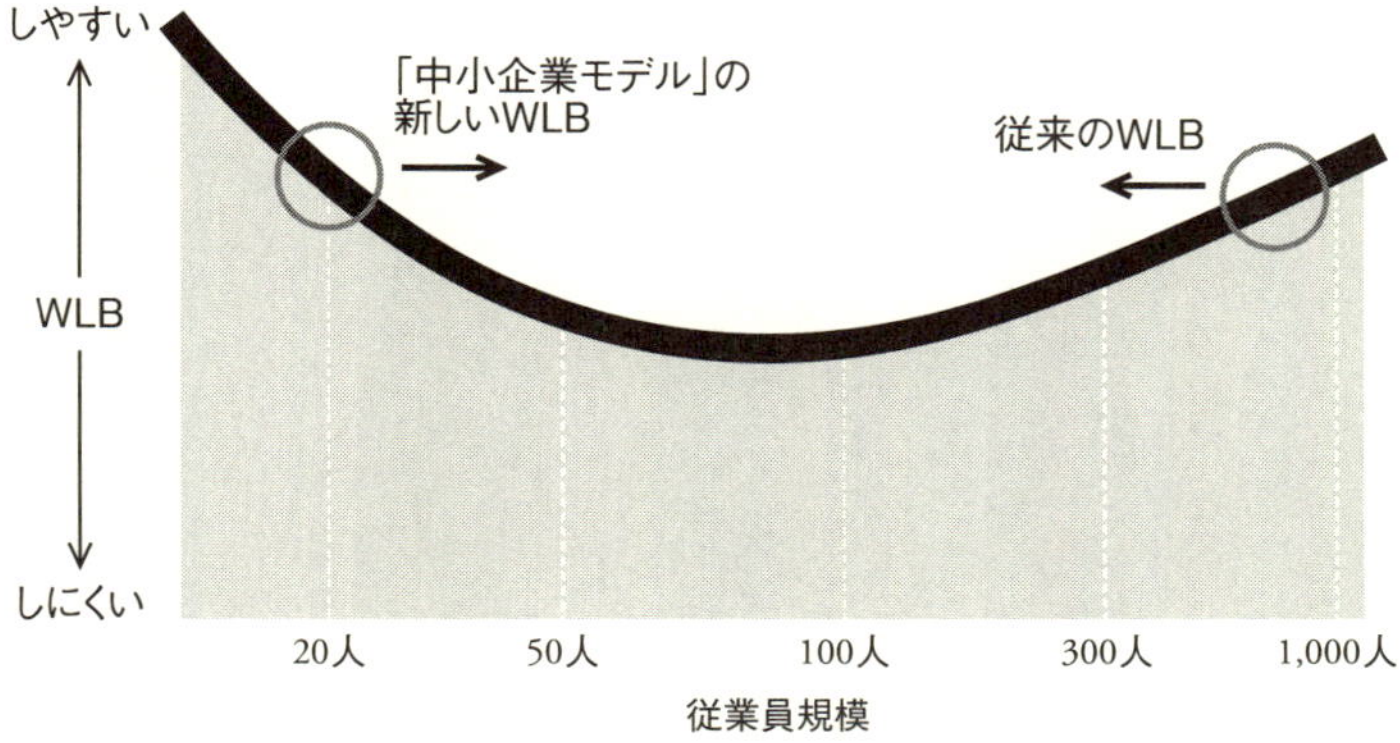

※渥美由喜氏が作成：東レ経営研究所「経営センサー」(2009年9月号 NO.115)より

社内の「フランシスコ・ザビエル」になろう

夫婦でともに仕事を続け、家庭生活も楽しみ、市民として地域にも関わりながら充実した人生を送るために僕たちは今から働き方を変える必要があります。働き方を変えるために、職場環境を変えるのは大変なことに見えますが、小室さんも触れていたように個人の力でもできることはたくさんあるのです。

企業でワークライフバランス施策を進める場合、企業規模によって実現の難易度が変わると言われています。横軸に企業の規模を、縦軸に実施のしやすさをとりグラフを描くと大企業は総じて制度が整っており、規模の小さい会社は小回りが効くので、意外にも小さな会社でも実態としての働きやすさが確保されやすい、ということがわかります（前ページ、図16）。

小さな企業はフレキシビリティが高く、人間関係が良好であれば、経営者のやる気次第ですぐにワークライフバランス型企業に変わることができます。たとえば、あるベンチャー企業では、連日深夜までの残業が続いていました。「何とかしたい」と考えた女性社員が団結し、「深夜残業がもたらす会社への影響」について社長に直接プレゼンしたそうです。驚いた社長はすぐに働き方の改革をはじめ、残業を減らすことに成功しました。経営者との距離が近い規模の小さい企業だからこそ、社員から行動を起こすことがすぐに成果に結びついたのです。

図16のU字曲線のなかで、いちばん働き方を変えることが難しいのは、中規模（従業員数一〇〇人前後）の企業です。しかし、これもアプローチによって変化をもたらすことは決して不可能ではありません。

それでは、どんな方法で行動を起こせばいいのでしょうか。

これは、インターフェイス社という世界的なタイルカーペットの会社の話です。この会社のある女性社員に、大学生の娘から本が送られてきました。それは『サステナビリティ革命――ビジネスが環境を救う』（ポール・ホーケン／鶴田栄作（訳）／ジャパンタイムズ）という本で、本と一緒に娘からの手紙が入っていました。手紙には、「この本には、ママの会社はひどいことをしているって書いてある。この本を社長に読ませて」と書いてあったのです。女性社員はすぐにその本を読み、自社が大きな問題を抱えていることを知りました。そして、上司を通じて、社長のレイ・アンダーソンの机にその本を置いてもらうことにしました。

インターフェイス社の設立者であり、今も会長を務めるレイ・アンダーソンは豪腕経営者として名が通っていました。同社はその頃、カーペットの生産過程で使う薬物や廃棄物で環境に大きな負荷をかけていました。しかし、豪腕経営者はまったく環境問題に興味をもっておらず、届けられた本はそのままデスクに放置されていました。

数カ月後、レイ・アンダーソンは、社員総会で環境問題について話さなくてはならなくなり、初めて机の上に積まれた『サステナビリティ革命』を手に取りました。読んでみたところ、自分の会社が起こしている環境破壊がいかに恥ずべきことかを知り、彼はその日一晩眠れなかったそうです。翌日、レイ・アンダーソンは、社員の前で涙を流しながら「今日から環境問題に対して積極的に取り組む会社に変わる」と宣言しました。それ以来、インターフェイス社は環境問題に積極的に取り組む会社として全世界的に知られるようになっただけでなく、廃棄物を出しにくい製造工程にしたことで、大きなコスト削減も達成し、業績が上がったのです。

一人の社員の行動が会社を変える。こうしたことを僕は「社内のフランシスコ・ザビエルになる」と言っています。半分はネタですが、もう半分は本気です。社内でザビエルのような宣教師になることは、会社の規模にかかわらず可能なはず。はじめは小さなことが、やがて大きな力になった例は、世の中にたくさんあります。

社会や会社のしくみをつくったのは人間なのだから、それを変えるのもまた人間であるはず。そしてそれは、個人の小さな行動からはじまる。僕はそう信じています。

おわりに——駒崎弘樹

　私たちは時代の過渡期にいるのではないか。

　若い女性を中心に、働き方・生き方のロールモデルとして名高い小室淑恵さんとの対談を引き受けたのは、今にして思えば漠然とした私の時代認識を確かめたかったからかもしれない。

　作中でも申し上げたが、私は九〇年代に思春期を過ごした、ロストジェネレーションと言われる世代に属する。中学時代に阪神大震災を姉の被災によって間接的に体験し、同時期に史上最悪の宗教テロである地下鉄サリン事件を見、その後のリストラブームをはじめとした日本経済の凋落と、ブルセラブームに見られるような、ある種の社会のほころびを体験した。その後の大学時代においては就職氷河期のただなかで、学生ＩＴベンチャーを経営し、その挫折を契機にＮＰＯを起業し、今に至る。

私の時代感覚として、「今日よりも明日がよくなる」という日本は存在しない。思春期から一度も日本が「よくなったとき」を知らない。一世代上の人々が体験したバブルも知らなければ、ましてや「三丁目の夕日」的な古きよき日本は映画で追体験するしかない。

大きな企業に入れば安心で、結婚して子どもをもったらマイホームをローンで購入し、夜遅くまで働いてなるべく出世して、定年まで勤め上げる、という人生の確固たる線路が過去に「あった」ことは知っているが、自分も含め、同世代の周りの人間たちがそうした人生を送ることはもうないであろうことも知っている。

我々の時代を支えていた地面のようなものは、すでに我々の知らないところに流れていってしまった。確固たるものはもはや、ない。この感覚に、同世代であれば頷く方も多いのではないだろうか。

しかし、我々の意識は、家族や日常の生き方に対する意識はどうだろう。我々の足元はとっくに私たちのもとを去っているのに、我々の生活意識はかつてあった日本のなかで、うずくまってはいないだろうか。

長い時間働くことで、一所懸命働いていることを示せる。
子どもと妻を食わせてこそ、男として一人前だ。
子どもが小さいうちは、妻がなるべく子どもの傍にいるべきだ。
マイホームを購入することが、幸せの証だ。

こうした観念は、知らないあいだに当たり前のように我々の意識と行動を制約する。もし今が時代の過渡期だとしたら、川の向こう側にある新しい観念をもつことで、我々が生きる時代と我々の意識をすべらかに重ね合わせられるのではないか。

そのためには「ロールモデル」と言われるものが必要である、と思う。どのような「在り方」が、我々の時代に馴染み、「幸福とされていること」ではなく、本当の「幸福」を我々にもたらすのか。特に働く夫婦（子どもはいるかも知れないし、いないかもしれない）が、どのような「在り方」であれば、真に幸福なのか。

一九六〇年代に国家的に奨励された「モーレツサラリーマンと専業主婦」でもなければ、ひと世代前の「長時間労働サラリーマンと、年収一〇三万円以下で働きたいパートの妻」でもない。互いにふつうに働いて、ふつうに子育てや家事を分かち合い、愛情と尊敬を持ち続けられるカップル。自分たちの親の世代には、あまり見出すことができなかった、夫婦のカタチ。

小室さんと私がこのロールモデルである、というつもりはまったくない。むしろその逆で、我々二人はもっとも試行錯誤してきた類の人間なのではないか、と感じる。誰よりもロールモデルを求め、しかし過渡期がゆえに正解は目の前になく、自分たちでああでもないこうでもないと言って、自らのライフスタイルをこねまわし続けてきて、そして今でもまだ見ぬ理想への努力を背伸びしながら続けている人間だ。

だから、この本は小室さんと駒崎という二人の「先生」がロールモデルを「指南」する場ではない。むしろ我々二人の、ややもすれば過剰なほどの試行錯誤を笑い飛ばしながら、読み手の方々の試行錯誤の杖にしてもらえればと思う。

家事や育児の細かな工夫など、人によっては「どうでもいいよ」と思われるようなことまでを列挙したのも、試行錯誤の道筋を示し、多くの人が本を読んだ次の瞬間に行動に移せるようなステップを示せればと思ったためである。

日常というのは、その大半はどうでもいいような小さなことの集積だ。しかし、日常が我々の人生の大半を占めるのであれば、どうでもいい小さなことをよりよくすることこそ、我々の人生をよりよくすることにつながるのではないだろうか。

「日常」と書いた。対談も終わって、あとはあとがきを書く段階になった二〇一一年四月現在、今ほどこの日常というもののかけがえのなさを実感できるときもないように、私は思う。

皆さんもご存じの通り、二〇一一年三月一一日において、我々日本人は多くのものを失った。

私の妻の実家は福島県にある。

社会インフラは叩き壊され、義母は埼玉県にある我々の家に疎開せざるを得なかった。

毎日映し出される痛ましい映像に妻は涙し、原発の不安に家族全員で震えた。

お恥ずかしい話だが、大震災後の二週間、私はまったくと言っていいほど仕事に集中できなかった。忙しかったわけではない。打ち合わせの予定はキャンセルされて、時間はいつもよりもあった。しかし、恐れと不安、悲しみで仕事はほとんどはかどらなかった。

これまで「一日が四八時間あればいいのに」と、自分の仕事に制約があるとしたらそれは「時間」だと思っていた。けれども、違ったのだ。本当の制約は「心」だった。

妻が元気で、子どもが笑いかけてくれて、社会が社会として過不足なく回っていて、日常が日常であってくれていたからこそ、私は仕事に全力で打ち込めていたのだった。妻や子ども、あるいは社会という「他者」によって、私は働かせてもらえていたということを、痛みとともに再確認した。

それはこの本の主題とも重なる。時代が変わったなかで、「真の幸福な夫婦とは、家族とは、働き方とは生き方とは何なのか」。働き方だけを抜き出せなかったのは、働き方と家族の在り方を切り離すことなどできないからだ。私たちは家族や大切な人たちの存在によって働くことが可能になっている。決してその逆ではない。

だとしたら、家族や愛する他者たちを幸福にするために、我々個人が我々なりの理想の家族の「在り方」を思い描き、戦略的に行動を起こしていくことは、決して自らの幸福と無関係ではないように思う。むしろ他者によって自らの幸福が、人生が支えられているとしたら、それこそが近道であり、そして正しい道なのではないだろうか。

この本が一歩を踏み出そうとするあなたの、その背中をそっと押せたとしたら、これ以上の喜びはない。

最後に対談の場を設定して下さった英治出版の杉崎さん、被災した福島で懸命に原稿をまとめて下さったライターの満井さん、最高の対談パートナーになって下さった小室さん、そして私の人生を本当に輝いたものにしてくれている妻美紀と娘の新（さら）、家族やフローレンスの仲間の皆に、胸の底から感謝の言葉を伝えたい。ありがとう。

二〇一一年四月

駒崎弘樹

● 著者プロフィール

小室淑恵
Yoshie Komuro

株式会社ワーク・ライフバランス代表取締役。
1975年生まれ。2004年に「日経ウーマン」の「ウーマン・オブ・ザ・イヤー」キャリアクリエイト部門受賞、2006年株式会社ワーク・ライフバランスを設立。800社以上の企業に「働き方の見直しコンサルティング」を提供。休業者職場復帰支援プログラム「armo（アルモ）」や「ワーク・ライフバランス組織診断」を開発。2009年からはワーク・ライフバランスコンサルタント養成講座を主催し、約200名の認定コンサルタントを輩出。2010年からはモバイルサイト「働き方チェンジナビ」、2011年からは「介護と仕事の両立ナビ」をスタートするなど、多種多様な価値観が受け入れられる社会を目指して邁進中。

著書に『なぜ、あの部門は「残業なし」で「好成績」なのか？ 6時に帰るチーム術』（日本能率協会マネジメントセンター）・『人生と仕事の段取り術』（PHP研究所）・『ラクに勝ち続ける働き方』（幻冬舎）など。内閣府「仕事と生活の調和連携推進・評価部会」委員、厚生労働省「イクメンプロジェクト」メンバーなど複数の公務を兼任。金沢工業大学客員教授。年間200回以上の講演で全国をまわる。一児の母。

■株式会社ワーク・ライフバランス　http://www.work-life-b.com/

駒崎弘樹
Hiroki Komazaki

特定非営利活動（NPO）法人フローレンス代表理事。
1979年生まれ。慶應義塾大学総合政策学部在学中に、学生ITベンチャーを立ち上げ、経営者として活躍。一方で、母親の知人が「子どもの発熱」のため仕事を休み、それが理由で会社から解雇されてしまったという、「病児保育」の現実を知る。「地域の力によって病児保育問題を解決し、育児と仕事を両立するのが当然の社会をつくれまいか」と考え、ITベンチャーを退社し、NPO法人フローレンスを立ち上げ代表理事に。2005年4月から江東区・中央区にて全国初の「保険型病児保育サポートシステム」である「こどもレスキューネット」をスタート。2009年には経産省より地域で社会的課題を解決し、安定的・継続的な雇用を創出する日本を代表する「ソーシャルビジネス」55選に、また「Newsweek」日本版「世界を変える社会起業家100人」に選出される。

著書に『「社会を変える」を仕事にする　社会起業家という生き方』『「社会を変える」お金の使い方　投票としての寄付　投資としての寄付』（ともに英治出版）・『働き方革命』（筑摩書房）など。2010年1月内閣府非常勤国家公務員（政策調査員）に任命されるなど、複数の公務を兼任。2010年9月には第一子が誕生、経営者自ら2カ月の育児休業を取得。

■特定非営利活動（NPO）法人フローレンス　http://www.florence.or.jp/

● 英治出版からのお知らせ
本書に関するご意見・ご感想をE-mail（editor@eijipress.co.jp）で受け付けています。

また、英治出版ではメールマガジン、ブログ、ツイッターなどで新刊情報やイベント情報を配信しております。ぜひ一度、アクセスしてみてください。
・メールマガジン：会員登録はホームページにて
・ブログ：www.eijipress.co.jp/blog/
・ツイッター ID：@eijipress
・フェイスブック：www.facebook.com/eijipress

2人が「最高のチーム」になる
ワーキングカップルの人生戦略

発行日	2011年 7月 1日 第1版 第1刷 2017年 1月31日 第1版 第6刷
著者	小室淑恵（こむろ・よしえ） 駒崎弘樹（こまざき・ひろき）
発行人	原田英治
発行	英治出版株式会社 〒150-0022 東京都渋谷区恵比寿南1-9-12 ピトレスクビル4F 電話 03-5773-0193 FAX 03-5773-0194 http://www.eijipress.co.jp/
プロデューサー	杉崎真名
スタッフ	原田涼子 高野達成 藤竹賢一郎 山下智也 鈴木美穂 下田 理 田中三枝 山見玲加 安村侑希子 平野貴裕 上村悠也 山本有子 渡邉吏佐子 中西さおり
印刷・製本	シナノ書籍印刷株式会社
装丁	石間淳
本文DTP	荒井まさみ（TYPEFACE）
編集協力	満井みさ子
写真撮影	阪巻正志

ISBN978-4-86276-093-7 C0030 Printed in Japan